A identidade do professor: da teoria à prática

Fernanda De Lourdes De Freitas

A identidade do professor: da teoria à prática

Casa do Psicólogo®
uma empresa PEARSON

1ª Edição *2014*

Editor *Ingo Bernd Güntert*

Gerente Editorial *Fabio Alves Melo*

Coordenadora Editorial *Marcela Roncalli*

Assistente Editorial *Cíntia de Paula*

Produção Editorial e Capa *Casa de Ideias*

Dados Internacionais de Catalogação na Publicação (CIP)
Angélica Ilacqua CRB-8/7057

Freitas, Fernanda de Lourdes de
A identidade do professor: da teoria à prática / Fernanda de Lourdes de Freitas. – São Paulo : Casa do Psicólogo, 2014.

ISBN 978-85-8040-332-9

1. Professores – formação 2. Educação – formação 3. Psicologia da educação I. Título

13-0571 CDD 370.71

Índices para catálogo sistemático:
1. Docentes - formação

Impresso no Brasil
Printed in Brazil

Casapsi Livraria e Editora Ltda.
Rua Simão Álvares, 1020
Pinheiros • CEP 05417-020
São Paulo/SP - Brasil
Tel. Fax: (11) 3034-3600
www.casadopsicologo.com.br

Agradeço a Deus
Por fazer de mim um
testemunho de fé e dedicação.

"O Senhor é a minha força e o
meu escudo; nele meu coração confia,
nele fui socorrido; por isso,
o meu coração exulta,
e com o meu cântico o louvarei."
Salmos 28:7

Sumário

Agradecimentos

Como não poderia deixar de ser, a conclusão deste trabalho deve-se ao apoio, empenho, admiração e carinho de várias pessoas que ao meu lado estiveram. Também agradeço àquelas que duvidaram da concretização desse sonho, pois me fizeram permanecer nesse caminho para mostrar a elas que sonhos podem virar realidade. Meu mais sincero bem-querer:

À Ângela, que entrou nesse sonho não só para orientá-lo, mas para abrilhantá-lo com sua luz e conhecimento.

À Glória, que tem estado presente na minha formação profissional há algum tempo e aceitou participar de mais essa etapa.

Ao Guilherme, um dos mais novos exemplos para mim de que é possível e permitido abordar sentimentos na academia e fazer uma educação mais humana.

Às professoras e aos colegas do PES, pelos momentos de discussões e contribuições compartilhados na construção desse projeto.

Aos amigos de profissão da escola Boa Esperança, onde buscávamos levar um colorido àquelas crianças e onde compreendi a importância de ser professora comprometida com a busca de mudanças sociais.

Aos companheiros do Centro de Formação, que têm participado não só da minha trajetória profissional, mas da minha vida e torcido por mim em tantos momentos.

À minha mãe, por sempre ter estado ao meu lado e ser um exemplo de mulher forte, decidida, que não se deixa esmorecer diante dos empecilhos da vida, ao contrário, faz deles passarela na sua caminhada.

Ao meu pai, que sempre acreditou em mim e nos sonhos por mim escolhidos, não me deixando nunca deles desistir, mesmo quando eu mesma os achava impossíveis de serem realizados.

À minha querida irmã Grazi, pelo sorriso, pelo abraço, pela palavra, por me fazer recordar dos laços que nos unem quando me chama de Tatá.

À minha fada madrinha Denilce – o que dizer de alguém que cruzou meu caminho e me proporcionou estar ao seu lado e compartilhar momentos inesquecíveis e hilários?

Ao Evaristo, que chegou, invadiu meus sentimentos e tem me mostrado o que é o amor irrestrito, companheiro e leal. Meu amor, meu amigo...

Às amigas do "caldeirão": Bita, Carol, Jê, Lála, por virem acompanhando tantos momentos importantes da minha vida e por me mostrarem o que é sermos amigas irmãs.

Carmen e Dri, a energia de vocês tem me transmitido amor e confianca.

A Heitor, Luciano e Edna, que sempre me incluem em suas orações.

A Mário e Aldo – juntos estivemos em muitas ocasiões inesquecíveis.

Ao João Pedro, que tem me permitido desempenhar um novo papel, o de tia, e que tem metamorfoseado minha identidade.

Enfim, a todos que direta e indiretamente compartilharam do meu sonho.

"[...] mire e veja: o mais importante e bonito do mundo é isto;
que as pessoas não estão sempre iguais, ainda não foram
terminadas, mas que elas vão sempre mudando.
Afinam ou desafinam. Verdade maior. É o que a vida me ensinou."
João Guimarães Rosa, *Grande Sertão: Veredas.*

Prefácio

A questão da formação de professores não é um tema novo no Brasil. Ao contrário, é temática recorrente nos textos acadêmicos, nos discursos políticos, nas mídias, no mundo das conversações.

Sempre que os dados estatísticos, os estudos comparativos ou os choques da realidade nos fazem deparar com os percalços e resultados insatisfatórios da Educação brasileira, ressurge com força a questão da formação dos professores.

Não se pode negar que a questão da formação dos professores, aliada a outras dimensões do contexto educativo, é central para compreendermos o que ocorre com a educação brasileira. Difícil evitar, contudo, o incômodo de ver jogada, nas costas de professores e professoras, toda a responsabilidade pelos problemas educacionais no país.

Assumo, portanto, que a questão da formação de professores não é um determinante das condições educativas, mas uma dimensão moldada e pertencente a essa complexa trama, sobredeterminada pelas condições histórico-políticas inerentes ao sistema capitalista e sua necessária desigualdade e processos excludentes – que atingem a vida do professor e suas condições de trabalho.

Tendo como mote essa perspectiva, entendo que a leitura que aqui apresentada não se propõe reduzir as questões da educação brasileira à dimensão da formação do professor, mas se dedica a ela para compreender como distintas dimensões – política, social, econômica, cultural – fazem-se presentes e representadas na identidade docente e nos processos formativos.

Ao longo de nossa história educacional, diversos aspectos do ofício do professor e da professora foram sendo privilegiados pelos pesquisadores da Educação.

Nos anos 1940/1950, enfatizava-se a excelência e o domínio dos conteúdos como garantias da boa educação e da promoção dos processos de aprendizagem. Os anos 1960 foram marcados, no Brasil, pela ditadura militar e seu sistema repressivo, período em que se privilegiaram, com respeito à formação de professores, as habilidades de controle da conduta dos alunos. A disciplina passa a ser o eixo do processo educativo, acima do direito de acesso ao conhecimento.

Nos anos 1970/1980, vimos surgir leituras críticas da educação, o reconhecimento da escola como instituição/aparelho da sociedade, do pensamento hegemônico, de classe. Competência técnica e compromisso político foram palavras de ordem que nortearam trabalhos acadêmicos e movimentos políticos.

Os anos 1990 trouxeram dois significativos olhares: o professor como pesquisador de sua prática, na direção da profissionalidade e da valorização do trabalho docente; o professor reflexivo: aquele capaz de rever, reavaliar, recondizer suas práticas a partir de processos reflexivos.

Alguns desses recortes tiveram, sem dúvida, o mérito de ampliar e aprofundar os modos de compreender o fazer docente.

Em todos eles, no entanto, percebe-se que as subjetividades docentes nos escapam.

Buscando compreender as dimensões da formação docente por meio de uma lógica distinta, na ótica do sujeito professor e suas realidades, este estudo encontrou no conceito de identidade um recorte promissor e relevante. E mais, assumindo que identidade não é um fator estático, inato, mas um processo que se constrói na prática social, na relação com os outros e com a cultura, a autora elege a prática como elemento de constituição das subjetividades docentes.

Assim entendidas, as identidades docentes vão sendo delineadas num constante caminhar, em um processo em que o encontro entre a formação inicial em pedagogia e a imersão no cotidiano da escola vão construir caminhos que, distintos, cruzam-se na configuração das identidades das mulheres professoras aqui pesquisadas.

Ao apresentar os sujeitos desta história, a partir de suas trajetórias de vida, formação e trabalho, a autora revela os contornos sociopolíticos que conformam, configuram, refletem a realidade da docência na educação básica brasileira, suas conquistas, dificuldades e mazelas.

A história de professoras confunde-se com a própria história da autora, professora, pesquisadora, trabalhadora, mulher.

O livro é um convite ao conhecimento, um desafio para olharmos a escola e a educação além dos discursos e dos contornos físicos, para compreendermos a professora e o professor como sujeitos da história da educação brasileira, construtores construídos e, certamente, personagens centrais das mudanças que, todos sabemos, precisamos operar para conquistar, no Brasil, uma educação pública de qualidade para todos.

Ângela Soligo

I. Apresentação

"Ninguém sabe tudo,
todo mundo sabe alguma coisa
e todo saber está na humanidade."
Lévy

A ideia de escrever sobre como se constitui a identidade docente e qual o papel da prática nesse processo surge do meu convívio diário dentro de instituições educacionais por onde passei atuando como docente. Além disso, há também a necessidade de retomar uma antiga paixão pela teoria da identidade, com que tomei contato em meu processo de formação como psicóloga. Observamos que, no contexto dessas instituições educacionais, tem sido comum ouvir de nossos colegas dúvidas, angústias e reclamações sobre as atuais condições de trabalho do professor: falta de recursos materiais, desvalorização salarial, jornada dupla de trabalho, pressão sofrida pela escola para tratar de questões que deveriam ser tratadas em parceria com outras instituições como a família, falta de envolvimento da família com as questões educacionais de seus filhos, insatisfação com as disparidades entre as discussões teóricas recebidas em sua formação e seu uso na prática, entre outras. Sempre estive atenta a essas falas, algumas dessas também faziam parte de meu pensamento, de minhas emoções e sentimentos, enfim, de minha vida.

ciamos a tessitura de nosso trabalho apresentando a constituição de identidade de três pessoas a partir de suas Histórias de Vida: a da pesquisadora e autora deste texto e sua constituição como pessoa, em seguida, a de uma aluna do curso de Pedagogia que exerce a profissão docente e, por último, a de outra aluna do curso de Pedagogia que não exerce a profissão docente.

Realizadas as apresentações de nossas protagonistas, partimos para uma reflexão do conceito de identidade, trazendo alguns autores que trabalham com esse conceito, alguns estudos realizados a partir dessa categoria. Para finalizar, fazemos um esforço a fim de tecer a história de identidade das personagens apresentadas a partir desse conceito.

Trilhamos ainda por fatos históricos sobre a constituição da profissão da/do professora/professor, observando como a identidade desse profissional vem se apresentando ao longo dos tempos, dos lugares pertencidos e como suas funções têm sido definidas pelo momento vivido.

Em seguida, nos voltamos para algumas discussões sobre a educação e a formação de educadores, observando qual tratamento essas questões têm recebido, em que contexto elas vêm ocorrendo, quais são seus desafios, que professores estão sendo formados, quais os paradigmas envolvidos, que modelos de formação estão sendo oferecidos. Olhar para esses aspectos se faz necessário porque eles farão parte da constituição da identidade desse profissional e, simultaneamente, essa constituição determina as exigências de sua formação.

Apresentamos também uma discussão sobre qual a contribuição deste livro para a Psicologia da Educação (PE) e como esta vem oferecendo contribuições para a formação dos professores. Temos claro que a PE não é a única área que participa da formação desse profissional. No entanto, historicamente tem sido apontada como uma das principais bases da formação de mestres. A importância em discutir sua contribuição se faz pelo compromisso social que devemos ter com a formação desse profissional, buscando cada vez mais uma educação e formação de qualidade, emancipatória e que esteja comprometida com a mudança.

Finalizamos com a tentativa de tecer considerações finais. Finais nesse momento, espaço e tempo e não final por estar acabado; as histórias de identidades nunca estão acabadas, na verdade, estão sempre por vir.

O caminho que se decidiu trilhar para apreendermos a constituição da identidade de nossas personagens foi a História de Vida, a escolha da utilização desse método teve como fundamento o fato de que, através da história pessoal de cada personagem, é possível observar as nuances da história sociocultural perpassada na vida do indivíduo e a sua apropriação singular do universal social e histórico que o rodeia. As relações sociais, culturais, econômicas influenciam decididamente o processo constitutivo do sujeito e, através da História de Vida, podemos observar como o indivíduo se apropriou dessas influências na sua constituição, pois cada um faz isso de maneira particular. Segundo Queiroz (1988), a História de Vida permite atingir a coletividade de que o narrador faz parte, pode-se capturar o grupo, a sociedade de que ela é parte, além de comportamentos e técnicas, valores e ideologias.

Nóvoa (1995), parafraseando Franco Ferrarotti, cita em seu artigo que o homem é o universal singular, querendo dizer que nele estão alocadas todas as influências, sejam sociais, culturais, econômicas, emocionais, só que a maneira como elas são apropriadas e significadas por cada homem ocorre de forma única. Continua dizendo que o indivíduo, através de sua práxis resumida, singulariza nos seus atos a universalidade de uma estrutura social. Por meio da História de Vida, podemos captar o modo como cada pessoa, permanecendo ela própria, se transforma. Segundo Moita (1995): "[...] só uma história de vida põe em evidência o modo como cada pessoa mobiliza seus conhecimentos, os seus valores, as suas energias, para ir dando forma à sua identidade, num diálogo com os seus contextos" (p. 116).

Na História de Vida, há um relato de um narrador sobre sua existência através do tempo, tentando reconstituir os acontecimentos que vivenciou e transmitir a experiência que adquiriu. Através dela, há o delineamento das relações do indivíduo com os membros de seu grupo, de sua profissão, de sua camada social, de sua sociedade global. O relato desse narrador só pode partir da sua experiência ou da experiência relatada pelos outros, e o narrador incorpora na experiência de seus ouvintes as coisas que narrou, a narrativa é impregnada com a marca pessoal e singular de seu narrador (Benjamin, 1987; Queiroz, 1988).

Para Bosi (1995), quando o indivíduo se propõe a lembrar e traçar acontecimentos que vivenciou, não está revivendo esses acontecimentos, mas reconstruindo, repensando, com imagens e ideias do presente, as experiências do passado. Na História de Vida, podemos identificar as continuidades e rupturas, as coincidências no tempo e no espaço, as preocupações e os interesses, os quadros de referência presentes nos vários espaços do cotidiano. Mais do que isso, ao narrar sua História de Vida, o indivíduo identifica o que pensava que era no passado, quem pensa que é no presente e o que gostaria de ser no futuro. A história lembrada não é uma representação exata do passado, ela traz seus aspectos e os molda para que se ajustem às identidades e aspirações atuais do narrador, assim, a identidade do narrador molda suas lembranças. O narrador visita o passado, tentando buscar o presente, onde as histórias são manifestas, tenta trazer à tona além de informações, estímulo a quem ouve, assim o ouvinte passa a fazer parte da história narrada, despertando outros sentidos e outras relações (Thompson, 1997 apud Guedes-Pinto, 2005; Prado, Soligo, 2005).

Na técnica de História de Vida, o pesquisador colhe dados que indicam como vem se formando a identidade do indivíduo, por meio de sequências de experiências no decorrer do tempo. Além de todos esses aspectos, o trabalho de rememorização realizado na História de Vida por professores pode trazer-lhes pistas importantes sobre sua prática docente, fornecendo elementos para a compreensão de aspectos constitutivos de sua vida profissional. Kenski (1996) assume essa posição e coloca que o trabalho com a rememorização é uma alternativa valiosa para se fazer uso no processo de formação docente.

II. Os anos, os fatos, os atos e os contextos

"Havia uma menina que refletia em seu espelho a
sua face e de outras pessoas também.
Como uma colcha de retalhos, era o seu reflexo.
Cada pedaço de pano representava um rosto,
com todas as suas histórias e fantasias.
Colcha esta, que nunca estava pronta, por mais que
gastasse dias a bordá-la..."
Michele Mendes Maranhão Queiroz

E ao me olhar no espelho com o intuito de ver meu reflexo, para descrevê-lo, concretizo o que vi no abstrato. Por mais singular que seja, sou plural, estou cheia de vozes, que no mais das vezes mal cabem em minha voz.

Construí e construo minha história, minha identidade através das relações que foram se estabelecendo ao longo desses anos e, por meio delas, vejo o que me faz igual e diferente, nesta construção cada um deixa um pouco de si e leva um pouco de mim.

Sou um ser construído historicamente, uma história datada e contextualizada. Marcada pela diversidade de vivências em lugares díspares, convivendo com o luxo e o lixo, com as diferenças gritantes existentes em nossa sociedade. Foram essas vivências e as transformações ocorridas em mim e em minha vida, sempre em constante ir e vir, que me fizeram encantar com a constituição da identidade, conceito que respondia a algumas perguntas e trazia outras, levando-me, por fim, ao projeto de pesquisa que desencadeou este trabalho.

Atualmente, sendo psicóloga, professora, coordenadora, mulher, filha, irmã, tia, cidadã, dentre outros papéis que desempenho, percebo a metamorfose em minha vida. Papéis esses que constituem a minha identidade, que deles e de metamorfose é constituída.

ALGUMAS LEMBRANÇAS DO CAMINHO

Ao refletir no espelho, relembro como estudar foi significativo em minha vida, foi nesse ato e nessa busca que me alicercei nos momentos difíceis de minha vida. Não tenho recordações das professoras do primário, pois nessa época meus pais se separaram algumas vezes e por esse motivo mudei muito de escola. As brincadeiras estão em minha memória, os amigos me acolhiam e nos momentos em que juntos estávamos, esquecia-me das responsabilidades que havia assumido, como cuidar da casa e de minha irmã menor. Ao ler e estudar, entrava em um mundo só meu, introspectivo, e acabava me esquecendo dos conflitos ao redor. E assim sempre foi. Nos piores momentos por que passei, foi o ato de ler e estudar que me proporcionou esconderijo e novos horizontes, abertos às possibilidades.

Percebo como o conflito ao redor, proporcionado pelas brigas e separações dos meus pais, foi me transformando em uma menina-responsável. Foi daí que me transformei em menina-dona-de-casa, mas conseguia permanecer criança através das brincadeiras e colegas de escola. Nesse breve relato, podemos perceber as nuances de transformações na identidade, o surgimento de novos papéis e, ao mesmo tempo, a permanência de outros, além da influência histórica e de contexto nessa formação/transformação. Minha meninice e meus sonhos foram preservados pela escola e o surgimento da menina-dona-de-casa deu-se pelos conflitos familiares. Os conflitos se passaram, novos contextos surgiram, e com eles novos papéis, como agora ser filha-de-pais-separados, mas estudar, a escola, a educação continuaram sendo um refúgio e uma busca por um universo no qual eu acreditava me possibilitar novos rumos.

A ESCOLHA PELA DOCÊNCIA: ABRINDO AS PORTAS DAS POSSIBILIDADES

Minha escolha pelo Magistério, apesar de particular, faz parte de uma coletividade. Escolhi esse caminho, pois via nele a possibilidade de ter uma profissão, sustentar-me e conseguir realizar o curso superior. Acreditava que a vida de professor era tranquila, afinal só trabalhavam meio período e não ganhavam tão mal assim, ganhavam mais do que meu pai, que era "chefe" de família! Entrando nesse cenário percebi que as coisas não eram bem assim...

Com a pesquisa e redação do Capítulo VI, percebi que minha escolha tinha muito da imagem docente construída historicamente. Pensava que essa era uma profissão própria para mulheres, que me proporcionaria futuramente trabalhar meio período e o outro ficar em casa ou fazer outra coisa. Além disso, me achava "vocacionada" para tal profissão porque gostava muito de crianças.

Esse pensamento se alicerça na imagem histórica de que a docência é uma profissão feminina, na qual a mulher, naturalmente dotada de talento para cuidar de crianças, estende seus afazeres. A ideia de vocação que se associou à docência se deve ao fato de que inicialmente ela era ocupada por religiosos e leigos e, mesmo quando se tornou uma profissão, as influências religiosas permaneceram, estendendo a imagem de vocação até os dias atuais. Isso pode ser observado nos trabalhos realizado por Novaes (1984) e Silva (1995). Os autores, durante suas pesquisas, analisaram quais os motivos que levaram os sujeitos a escolherem a profissão docente – o motivo que aparece em primeiro lugar na justificativa é por gosto/vocação.

Com a escolha realizada, fazia o curso de Magistério à noite e trabalhava durante o dia como auxiliar de secretária em uma loja de autopeças, vivia em mundos tão diferentes. Durante o dia, um mundo masculinizado. Era a única do sexo feminino que trabalhava naquele lugar, convivendo com um público em sua maioria masculino. À noite, a feminização, uma sala predominantemente feminina. Os dois candidatos ao Magistério o abandonaram em seu percurso, atraídos por um emprego de maior prestígio social e melhores salários. Esse fato vem ocorrendo desde a expansão industrial, período no qual os homens foram atraídos pelas fábricas e afastaram-se da docência. Isso também contribui significativamente para a feminização do Magistério.

A minha escolha pelo Magistério, apesar de particular, foi alicerçada nos ideais presentes na sociedade, de que essa profissão carrega algum prestígio, por mais desgastada que esteja sua imagem. Assim, como muitas outras pessoas, tinha visto na profissão docente uma maneira de ascender socialmente, de mudar, de ser outra coisa e não mais uma auxiliar de secretária, não queria mais esse papel desempenhado até então, havia outros papéis a desempenhar, outros projetos, outros desejos, que possibilitaram a mudança, o vir-a-ser, a transformação de minha identidade, pois a identidade é possibilidade.

O papel desempenhado de auxiliar de secretária possibilitou-me a vivência dentro de um mundo masculino. Ter vivido tão próxima a esse universo e também do feminino me levou à reflexão sobre o dito mundo masculino e feminino, sobre as relações de gênero, o que futuramente faria diferença e influenciaria na minha atuação profissional. Passei a questionar as convenções sociais de gênero junto aos colegas de trabalho, alunos e pais. Inseri no meu trabalho questões sobre a existência do que é de menino e de menina, o que me proporcionou a oportunidade de trabalhar com Orientação Sexual, um dos trabalhos que hoje desenvolvo. Esse relato desperta uma história. No ano de 2004, já formada no Magistério e em Psicologia, atuando como professora da Educação Infantil, preparava meus alunos da pré-escola para a apresentação do dia do folclore, íamos encenar a música *A linda rosa juvenil,* e os meninos também iam se fantasiar de rosa. Alguns me questionaram que meninos não podiam se fantasiar de rosa, pois afinal, eram meninos. Fiz um trabalho com eles de reflexão sobre o que era de menino e o que era de menina, o que era ser menino e ser menina, refleti com eles que todos tinham o direito de brincar do que e com o que quisessem, que se fantasiar de rosa ou de qualquer outra coisa não fazia deles, e nem de ninguém, menos meninos ou menos meninas. O fato de uma menina ter cabelo curto e usar azul não fazia dela um menino, e o fato de um menino ter cabelo comprido, usar brinco e roupa cor-de-rosa não fazia dele uma menina. Depois dessa conversa e do trabalho desenvolvido, todos quiseram participar da atividade, e o mais emocionante é que os pais vieram me procurar após a apresentação, relatando que os filhos tinham falado com eles em casa sobre nossa conversa na sala de aula. Fiquei espantada, porque meus alunos haviam sido multiplicadores de uma discussão sobre gênero! E os pais, através das crianças, tiveram oportunidade de repensar seu posicionamento.

Fui influenciada pelo contexto histórico no qual estive inserida e através de minha atuação estava influenciando outras histórias, outras identidades: a de meus alunos e a de suas famílias.

Por meio de situações como essa, percebi a importância do compromisso do professor com seu trabalho, um compromisso social, político, humano. Essa concepção na verdade faz parte da ideia de professor como prático-reflexivo, trazida por Zeichner (1993, 1995), na qual o papel do professor e objetivo da educação é possibilitar a emancipação e autonomia dos envolvidos no processo de ensino-aprendizagem.

Ao terminar o magistério, fui para a faculdade. Não havia conseguido um emprego como pensava, não tinha dinheiro e não sabia como iria conseguir me manter, mas tinha sonhos, tinha vontade, tinha "garra". Queria ser psicóloga! E foi a arte de sonhar que me fez buscar alternativas para me manter naquele mundo que me deslumbrava.

Na faculdade, encontrei respostas para alguns dos meus questionamentos e muitas perguntas. Também foi lá que vivi as diferenças sociais de forma mais marcante, onde comecei a ver como viviam as classes dominantes. Era conflituoso para mim ver certos colegas de classe, que se diziam militantes de causas sociais, que se diziam indignados com a miséria e desigualdade, mas que na verdade viviam em uma situação econômica privilegiada e nunca haviam estado e nem queriam estar em contato com a população menos favorecida. Também não atuavam e nem queriam atuar com essa população, muitos desses queriam terminar o curso e ir para a área clínica, na clínica particular, trabalhar com uma população privilegiada. No meu último ano de faculdade, comecei a lecionar efetivamente (até então trabalhava como professora substituta), em um bairro que na época era uma ocupação na cidade de Hortolândia. Quando relatava minhas experiências nesse bairro, as coisas que via e vivenciava, muitos colegas achavam que eu estava a brincar. Na verdade, para mim, esse espanto é que era uma brincadeira. Como se alienar em relação ao que está posto em nossa sociedade? E o que era pior, e ainda continua sendo, o discurso distanciado, rompido com a ação, já que o espanto vinha muitas vezes dos colegas que se diziam indignados com a desigualdade social.

O cotidiano dessa escola alimentava minha vontade de fazer diferente, em ser diferente, os conflitos diários me desafiavam a buscar respostas novas, e com elas outras perguntas. Sempre me incomodou ver outros colegas psicólogos falando geralmente mal da prática dos docentes, sem estarem envolvidos, sem terem vivência na escola, sem saberem o que é a comunidade escolar, sem terem a prática escolar.

Foi a partir dessas reflexões e sentimentos que nasceu meu projeto de pesquisa, o que desencadeou este trabalho. Fui sendo envolvida por diversas paixões e com a inquietação que estas trazem. Meu encantamento com o conceito de identidade se deu no segundo ano da faculdade, na disciplina de Psicologia Social. Fecho os olhos e me vem perfeitamente a imagem da professora Silvana Garcia, apresentando-me *A Estória do Severino e a História da Severina*, de Antonio da Costa Ciampa. A metamorfose me metamorfoseou. E nunca mais fui e tenho sido a mesma.

Pensar a constituição da identidade docente e como a prática desse profissional influencia nessa constituição foi uma ideia surgida a partir de minha própria constituição de identidade e de minha prática. Sentia necessidade de refletir sobre como isso acontece.

Queria saber mais. Incomodava-me a discussão que sempre ouvia de meus colegas de que a teoria não funciona na prática. Na verdade, o modelo posto na fala de meus colegas é o da racionalidade técnica, pois todos, inclusive eu, viemos de uma formação nesse molde. Estudamos a teoria durante três anos para aplicá-la no último, não nos foi dada a possibilidade de realizarmos efetivamente uma reflexão sobre a dialética dessas duas faces e por conta disso surge a sensação de que a teoria não dá certo na prática. No entanto, não aceitava essa hipótese de "inutilidade" da teoria para a prática e pensava na serventia de tantos estudos, tantas pessoas envolvidas na busca de respostas para os problemas e desafios colocados pela prática. Queria saber como a Psicologia estava contribuindo diante desses desafios, como ela auxiliava os professores em sua formação, queria fazer algo pela minha profissão, pelos meus colegas, pelos meus alunos, por mim. E, assim, resolvi adentrar em outro oceano.

E COMO ADENTREI NESSE MAR

A imagem do nascimento das tartarugas é muito significativa para mim. Foi exatamente ela que me veio à mente ao participar da entrevista de seleção para o mestrado. E junto à imagem o pensamento: "Depois de passar por tantos obstáculos, morrerei aqui?". Não contive as lágrimas. E com elas fiz minha entrevista. Ao terminá-la, estava certa de minha reprovação, tal qual a tartaruga que não consegue chegar ao seu destino, mesmo estando perto dele. Felizmente adentrei no mar.

E quão espantada fiquei ao vislumbrar o imenso mar, com seu encanto, seus desafios, suas possibilidades e seus perigos...

Foto: foryouinf/shutterstock

Novas influências passaram a fazer parte de mim, outras não. Convivendo com novas relações interpessoais, me vi ser transformada. Muitas opiniões, ideias, pensamentos, teorias passaram a ser minhas, através de uma leitura particular, própria, que fiz; outras foram renegadas, não foram por mim apropriadas, nem escolhidas e todas elas concomitantemente foram mais uma vez transformando minha identidade. Fui assumindo e construindo o papel de pesquisadora.

No início, não sabia em que direção ir, não me sentia pertencente a esse mar. Muitas vezes o ar me faltou. Sentia-me uma estrangeira, não sabia falar a língua, os costumes e a cultura desse novo mundo. Por mais que me esforçasse, não era aceita em determinados ambientes. E realmente em um deles não fui aceita. Tive que vivenciar uma experiência desagradável: ouvir de uma professora, uma estudiosa, que o nível da pós-graduação havia decaído muito depois que a universidade passou a aceitar alunos que trabalhavam. O que aconteceu é que me matriculei nessa disciplina em determinado dia e horário, porém, como a referida professora organizou o curso com conteúdos extensos, impossíveis de ser cumpridos no horário de sua aula, ela marcava aulas extras, as quais raramente eu podia frequentar, pois coincidiam com meu horário de trabalho. Por esse fato, ela se sentia afrontada. Mesmo fazendo as leituras desses dias em que não estava presente e entregando as reflexões que ela solicitava para justificar minha ausência, ela não ficou muito contente e me deu uma nota abaixo da média da classe, justificando-a como reflexo do meu envolvimento com a disciplina. O que ela não ficou sabendo é o quanto aprendi em sua disciplina. Tudo que hoje sei sobre os modelos de universidade e sobre formação no ensino superior aprendi com ela. Também foi com ela que aprendi sobre o funcionamento das universidades, bem como sobre a visão elitista que ela possuía. Em sua fala, havia a crença de que para ser um bom pesquisador era necessária a dedicação exclusiva para a pesquisa, alienando-se do mundo real. Vivenciei a inflexibilidade de certos professores, pautada em uma concepção de ensino tradicional, que tanto tem sido combatida, em que o aluno tem que se adaptar ao professor, engolir suas falas e repetir em seguida. O questionamento por parte do aluno só é válido quando vai ao encontro do que o professor acredita. Se não for, se houver questionamentos contrários, se o aluno mostrar-se crítico, autônomo aos pensamentos do professor, se torna um incômodo para ele que se sente detentor do saber. Com essa experiência, reafirmei internamente a importância de o professor sempre se avaliar, rever suas posições, buscando o melhor aproveitamento próprio e de seus alunos sobre as questões com a qual está trabalhando.

Infelizmente, essa professora não aprendeu que o mundo é mais que um e que essa diversidade é que nos possibilita crescer e fazer diferente.

Depois de passadas as águas turvas e tempestuosas, nadei por águas calmas. Conheci professores maravilhosos, que me sustentaram teoricamente, me apresentaram autores e ideias até então desconhecidos para mim. Com a Ângela, tenho aprendido a virtude da paciência, aprendido a ouvir mais, observado a possibilidade de ser uma professora comprometida, sábia, dedicada, envolvida com as discussões e o planejamento de políticas públicas para a educação pensando no coletivo e não em interesses pessoais.

Por meio dela e de tantos outros retalhos, componho meu rosto, hoje mais maduro, com várias histórias e fantasias e com muito ainda por vir, pois a identidade está em constante por-vir.

III. Personagem 1: a prática e a formação (re)constituindo o ser professora

"Eu não sei dizer
Nada por dizer
Então eu escuto...
Se você disser
Tudo que quiser
Então eu escuto..."
Secos & Molhados, "Fala"

Nossa primeira narrativa de História de Vida tem como personagem uma aluna do 4º semestre de Pedagogia, que atua como professora na rede municipal de uma cidade do interior de São Paulo. Quando nos encontramos, ela estava com 23 anos e iremos chamá-la de A.

Para nos contar quem é, nossa personagem começa sua narrativa nos localizando sobre sua origem e, para que possamos verificar melhor sua singularidade, procura frisar a área demográfica à qual pertencia, em seguida passa para as relações sociais secundárias que se dão na escola.

> *Eu sou do interior do Rio, eu nasci numa cidade pequena chamada Três Rios, sempre morei em sítio, fazendas, estudei em escola rural, mudei pra Valença, também no interior do Rio.*

Nossa personagem se faz diferente em relação a muitos outros, quando reforça sua origem na zona rural. Apesar de haver muitos outros com a mesma origem que a sua, a singularidade de A.

está no percurso traçado e nas características marcantes que a vida na zona rural traz, perpassando por todas suas decisões, escolhas e projetos. Sua origem e sua convivência na zona rural marcam quem foi, quem é e quem pretende ser.

A escola tem um papel muito forte na vida de A., é um local muito agradável a ela, de onde vêm muitas recordações e o seu ideal de se tornar professora.

> *Desde criança eu tinha interesse em ser professora, eu observava as professoras dando aula, gostava de ajudar, ficava imaginando o que que seria preparar uma atividade. Desde pequenininha, quando eu via a folhinha em cima da mesa, eu ficava pensando: "Nossa! A professora pensou isso, mas como será que ela elaborou isso em casa? Será que ela sabe até onde a gente sabe, até onde a gente não sabe?". Eu ficava me questionando isso. E gostava de vê-la respondendo às nossas dúvidas. A gente conversava com ela, sempre a via dando broncas em alguns, e ficava imaginando como é que era controlar a sala. Eu sempre tive esse interesse.*

A. ressalta o interesse pela profissão docente desde pequena: ficava imaginando como era a vida da professora, via tudo com deslumbramento, via na professora uma figura onipotente e onisciente, que controlava a sala e tinha conhecimento do que os alunos sabiam e deixavam de saber. Na trajetória escolar de A., vemos que ela sempre foi uma aluna dedicada. Entrou na escola já alfabetizada e adiantada em vista dos outros alunos. Fez a 1ª série com 5 anos de idade e sua mãe a alfabetizou em casa porque morava longe da escola localizada na cidade. Sempre estudou em escola pública, desde o Ensino Fundamental até o Superior. No Ensino Médio, optou por realizar seu projeto de criança e se tornar professora, por meio do curso de Magistério.

> *Aí eu fiz até a 8ª série comum. Aí na minha escola era o seguinte, o 2º grau você tinha opção do Geral ou o Magistério. Aí eu optei pelo Magistério, eu tava com 13 pra 14 anos, eu não fiz o pré-escolar, então eu já comecei a vida assim adiantada, o nível escolar bem adiantado. Eu entrei com 5 anos na 1ª série, eu faço aniversário no meio do ano, então eu não fiz CA. Lá no Rio a gente tem o CA, Classe de Alfabetização, agora está pra implantar aqui. Aí eu terminei com 13 pra 14 anos, então eu fui fazer o Magistério. Então eu fazia estágio, e os estágios também me interessavam muito.*

Como nossa personagem apresenta-se como aluna envolvida e curiosa, já no curso de Magistério envolveu-se com a parte prática da profissão através dos estágios. Como sua identidade está alicerçada nas influências rurais que recebeu, os estágios em escolas rurais eram os que mais a agradavam, acreditava que as crianças dessa localidade eram mais interessadas em aprender e deixavam o professor se aproximar mais delas do que as da escola urbana. Em sua imagem passada de aluna-envolvida-da-zona-rural, é possível ver o comportamento dos futuros alunos. No contato com a prática, ficou na dúvida se era com crianças ou com adolescentes que queria atuar, também se confrontou se queria ser professora polivalente ou especialista. Por isso, resolveu prestar vestibular para o curso de Ciências Políticas, com o qual poderia dar aulas de Geografia, História e Sociologia. Buscando sua identidade docente, transforma seus projetos, agora não quer mais ser igual à professora que a fez despertar para a carreira docente, diferencia-se querendo ser professora especialista e de adolescentes, mantém-se igual porque ainda quer ser professora.

> *Então eu fazia estágio, e os estágios também me interessavam muito, principalmente os de escola rural, porque eu achava que as crianças tinham assim, um interesse maior, sabe?! Deixavam um espaço maior pra gente entrar na vida delas, que não acontecia na escola urbana. Mas mesmo assim, eu gostava das duas etapas. Mas a princípio na época do estágio, eu pensei assim: "Ah! Eu acho que a minha área mesmo é adolescente, não é tanto criança. Eu quero dar aula, mas dar aula de um assunto específico".*
>
> *Eu gostava muito de Geografia, História e na minha cidade tem uma faculdade particular, onde eles dão bolsa para os alunos que se destacam, que tiram maiores notas, e que estudaram sempre em escola pública. Então eu resolvi prestar essa bolsa. Consegui, prestei o vestibular na faculdade lá. Era Faculdade de Filosofia, Ciências e Letras de Valença, e eu prestei para Ciências Sociais, que, na época, principalmente na realidade do interior do Rio de Janeiro, quem fazia Ciências Sociais, dava aula de Geografia, de História e de Sociologia.*

Pudemos observar a partir desse relato como o estágio proporcionou para A. um contato com a prática docente que permitiu a ela o questionamento sobre que tipo de professora queria ser, o que nos mostra a importância significativa do modelo da racionalidade prática, no qual defende que a prática docente deve estar disponível desde os primeiros anos de formação e que essa oportunidade gera conflitos, questões, dúvidas e problemas que necessitarão ser pensados através de uma busca teórica.

Nossa personagem termina a Faculdade de Ciências Políticas, deixa de ser aluna-envolvida e torna-se professora-especialista-que-atua-com-adolescentes. Consegue um emprego na própria faculdade em que estudou para dar aulas de Geografia, em uma classe do 1º ano do Ensino Médio. Essa oportunidade lhe é dada pela experiência adquirida nos estágios realizados durante sua formação no Ensino Médio e por ter trabalhado como secretária na própria escola em que cursava o Magistério. Percebe-se que A. sempre foi atuante e curiosa, envolvendo-se em diversas questões e espaços ligados à educação, não só nas questões pedagógicas diretamente relacionadas com os alunos, mas também nas outras instâncias, como a área administrativa. Voltando para seu personagem professora-especialista, relata que sua experiência com os adolescentes não foi muito boa, porque ela tinha a mesma faixa etária dos alunos e eles tinham dificuldade em respeitá-la como professora.

> *Eu consegui um emprego na própria faculdade, onde eu terminei o curso. Existia um colégio de aplicação da Faculdade de Filosofia e eu entrei pra dar aula, então foi em 2002, com 20 anos, pra dar aula pra adolescentes do 1º ano de formação geral, que tava tendo ali, que era no colégio, na faculdade.*
>
> *Agora, não foi nem uma experiência boa. Primeiro porque eu não me senti preparada pra dar as tais aulas de Geografia, inclusive quanto ao conteúdo. Às vezes, eu tinha que preparar aula e ficava insegura, quanto ao conteúdo. Segundo porque a idade minha e a idade*

> *dos alunos era muito próxima e até a minha aparência é de mais nova.*

Seu papel de professora-especialista-que-atua-com-adolescentes faz nossa personagem se sentir insegura em relação à sua formação, que considera insuficiente para a atuação na prática. Ela se vê incapaz de planejar as aulas e de controlar a classe, já que os pressupostos e estereótipos dela e dos alunos são que somente professores mais velhos são respeitados e capazes de dar uma boa aula. Além desses complicadores, A. diz que, por ser uma escola particular, as relações de poder estavam alicerçadas no poder de compra, ou seja, como os alunos pagavam pelo ensino, eles e suas famílias tinham direito a tudo e ela, como "mercadoria", não podia reclamar de nada em relação ao comportamento dos alunos, já que a secretaria e a diretoria sempre ficavam do lado dos "compradores". Esse fato confirma sua suposição de que na escola particular o professor exerce sua atuação com menos autonomia e liberdade que na escola pública, pois as relações se dão a partir de perspectivas diferentes. Nessa experiência, A. passa a ser professora-mercadoria.

> *Então daí, eu consegui o respeito deles, mas foi com muito custo, porque quando eu entrei na sala eles: "Oh! Beleza". Os meninos, né. "Mais uma mocinha na sala". Eles não entendiam que eu era uma professora. E aí, eu senti uma dificuldade muito grande, porque era particular. E escola particular, agora eu percebo isso, na época eu desconfiava, a direção, a orientação, eles mandam muito na sua atuação em sala de aula.*

Como nossa identidade é multideterminada e constituída por variados papéis, A., professora-mercadoria, simultaneamente também é filha pertencente a uma família específica, é viajante, é mulher... Em uma viagem de férias com a família para Parati, nossa personagem conhece um moço residente na cidade de Campinas, interessam-se um pelo outro e resolvem manter contato por carta e telefone, iniciando o desenvolvimento de sua identidade amorosa que influenciará a professora-que-virá-a-ser. Nossa personagem firma o namoro com esse rapaz e juntos começam a fazer planos para o futuro. Por conta de seu papel de namorada-apaixonada, pensa em prestar algum concurso para a docência na região onde o namorado reside. Enquanto estavam namorando, sai um concurso para atuação na prefeitura da cidade de Paulínia, o namorado incentiva A. a participar do processo seletivo, e A. vê nesse fato a oportunidade de transformar novamente sua história. Decide se candidatar para concorrer à vaga de professora do Ensino Fundamental, porque o diploma de seu curso de graduação não lhe dá mais o direito de dar aulas de Geografia e História, em face de uma exigência do Ministério da Educação que decreta que os professores dessas disciplinas devem ser especialistas formados nessas áreas. Outro fator que a leva a fazer essa escolha, de ser novamente professora-que-atua-com-crianças, foi sua experiência negativa no trabalho com adolescentes.

> *A parte da minha vida profissional está ligada à minha parte afetiva também. Porque eu estava namorando um rapaz daqui de Campinas, a gente namorava via correspondência e via encontros só nos feriados. A gente se conheceu na praia, em Parati. Eu morava em Valença e ele morava em Campinas. Então começamos a nos conhecer melhor via carta, telefonemas e aí o namoro foi ficando firme e tal, então eu meio que pensava, en-*

> *quanto eu estava trabalhando lá, em talvez conhecer alguma coisa daqui de São Paulo. Aí surgiu o concurso de Paulínia. Saiu o concurso, aí ele falou: "Presta, vai valer a pena pra você".*

Seu papel de namorada-apaixonada-a-distância permite que se arrisque a prestar um concurso em uma cidade próxima de onde o namorado mora. Ao fazer a inscrição, surgem dúvidas e inseguranças em relação à sua formação e às diferenças regionais. Considera que será muito difícil a concorrência por conta da formação proporcionada a muitas pessoas em uma das melhores universidades do país, localizada na região. E também porque acha que os conteúdos são diferenciados nas diferentes regiões do país. Apesar da insegurança, retoma seu papel de estudante-envolvida, revê conteúdos do Magistério e estuda a bibliografia sugerida pela organização do concurso.

Presta a prova e, para sua surpresa, é aprovada e convocada para assumir seu cargo de professora do Ensino Fundamental.

> *Aí o concurso. Bom, quando eu fui olhar o edital, eu fui onde eu tinha mais chances de conseguir um emprego e parti pra essa nova realidade aí. Prestei pra 1ª a 4ª série. Eu tinha o Magistério em mãos e o curso de Ciências Sociais. Eu não acreditei que ia passar, porque eu falei: "A prova deve ter coisas diferentes do estado do Rio. Deve ter uma especificidade ali, que eu não vou acompanhar. Vou prestar pra desencargo de consciência".*

> *Nesse período em que eu prestei o concurso, eu voltei todo o meu material de Magistério, estudei, vi PCNs*

> *de 1ª a 4ª, tentei ir me inteirando para o caso de eu ser chamada.*

E a vida de nossa personagem se transforma radicalmente, partindo rumo ao desconhecido.

Para assumir o papel de professora-concursada, outros papéis são exigidos; o pai exige que sua filha se case. Ela só poderá mudar-se para Paulínia e assumir seu cargo casada. Os valores morais do pai estão alicerçados na família tradicional, patriarcal, na qual a mulher não se cuida sozinha. Primeiro, cabe ao pai exercer os cuidados da mulher, em seguida ao seu marido. O pai passa a responsabilidade de cuidador para o marido, A. aceita essa cobrança, adota a posição patriarcal do pai e se casa. Assume o papel de esposa junto ao de professora-concursada.

Transformações trazem desafios e conflitos, medos e inseguranças. Para A. é como se nada tivesse ficado no lugar: cidade desconhecida, casa desconhecida, escola desconhecida, novos costumes, nova linguagem, novos papéis, novas posições. Apesar das intensas mudanças em sua identidade, há uma constância, conserva-se a envolvida, conserva-se a filha, conserva-se a natureza rural de A. entre outras personagens.

> *Porque eu tinha que casar, porque assim, por uma questão, eu venho de uma família tradicional, meu pai é todo, sabe bem, daqueles conservadores, antigo, então não tinha outro jeito.*

> *Então, quando eu passei, minha vida mudou totalmente. Porque daí eu ia casar. Eu ia mudar de cidade. Eu ia mudar de emprego. Eu ia ficar longe de todas as pessoas que eu conheço, inclusive minha família. Mas,*

> *eu resolvi topar o desafio, era isso que eu estava querendo mesmo. Eu vim pra cá, casei em julho e tinha que começar a trabalhar em agosto. Ou melhor, eu casei dia 26 de julho, num sábado de 2003, e no dia 28 eu já começava a trabalhar.*

Como a identidade é um constante vir-a-ser, as transformações de A. não param. O contato com a nova realidade, com o novo emprego exige novos posicionamentos, novas reflexões, inclusive uma nova linguagem. Seu contato inicial nesse novo trabalho lhe traz o desafio de conquista, de ser uma professora querida. Assume uma sala de 4ª série, no meio do ano, de alunos pré-adolescentes que amavam a professora anterior, que estava saindo em função de sua licença maternidade. Esse contato remete nossa personagem à sua antiga experiência com os adolescentes do Ensino Médio e a faz pensar que tem que conquistar a confiança desses alunos. Percebe que, apesar de já ter dado aulas, cada turma é uma turma, as necessidades são diferentes e percebe-se inexperiente, cometendo muitos erros de atuação. Vamos dar fala à nossa personagem para que expresse essas transformações.

> *Aí eu entrei com uma turma de 4ª série e essa turma de 4ª série estava se despedindo de uma professora que eles gostavam muito, que estava pra ganhar neném. Eu entrei ocupando esse cargo na metade do ano, ou seja, eu estou entrando em agosto com uma turma que eu não conheço, pra terminar o que eu sei em quatro meses. E foi superinteressante, porque aí eu peguei os pré-adolescentes. Então se eu tinha lidado com os adolescentes lá, eu já tinha imaginado como era o esquema. O esquema era você conseguir a amizade deles antes de mais nada.*

> *Era você não bater de frente. Era você ter um diálogo mais próximo com eles. Então eu já tinha essas ideias na minha cabeça.*
>
> *Então eu comecei a aprender. Como é que eu aprendi a lidar com eles? No começo, eu errava muito. Eu planejava a atividade e sobrava tempo. Outra hora, eu planejava a atividade e ficava faltando, eles davam conta. Eu não tinha noção do tempo. Do tempo de execução de tarefas. Era muito difícil. O que cobrar, como que eu ia atuar em uma sala de 35 alunos. As crianças pedem mais atenção do que os adolescentes, no sentido de carinho, então pra mim era apavorante.*
>
> *Foi um choque interessante, inclusive de cultura porque chegou na escola eles falavam assim: "Olha a gente tem que começar a pedir sulfite". Eu não sabia nem o que era sulfite, porque no Rio a gente não fala sulfite, é papel ofício. Seja ele A4, A3, ofício. É ofício, o papel branco é ofício e aqui é sulfite. Lousa não é lousa lá, é quadro-negro. Uma série de materiais escolares que aqui tem um nome, lá tem outro. Fora as práticas. Aí eu comecei, entrei meio assustada ainda, nova realidade, mas confiando.*

A escolha em se dedicar a ser professora-que-atua-com--crianças faz nossa personagem abandonar o papel de professora--especialista, agora já não é mais essa professora e passa a transformar novamente sua identidade. Os desafios postos pela prática diária como professora-concursada-que-atua-com-crianças-e-erra colocam para A. a necessidade de voltar a estudar, para sentir-se mais segura e preparada a atuar nessa realidade, por isso ela retoma sua personagem de aluna-envolvida. Outro motivo que a leva a uma nova formação é a própria mudança da legislação que, com a LDB de 1996, exige a regulamentação da formação dos profissionais da educação no país. Apesar de a LDB não fazer referência ao curso de Pedagogia como possibilidade de formação docente, é essa escolha que nossa personagem realiza. A LDB só faz referência ao curso de Pedagogia como formador de profissionais destinados à administração, planejamento, inspeção, supervisão e orientação.

> *Resolvi, na cara e na coragem, prestar Pedagogia, porque eu estava sentindo essa necessidade... Ciências Sociais pra mim já é passado. Agora que estou trabalhando com as crianças, vou me especializar nisso.*
>
> *Além de que, claro, eu não vou mentir, a gente tem esse medo da legislação daqui a quantos anos não permitir.*
>
> *Então, pra eu prestar um novo concurso, eu vou ter que estar com o diploma, sem contar que todas essas informações que eu vejo aqui na faculdade hoje em dia, estão me ajudando muito mais a enxergar as coisas de forma diferente.*

A. pretende futuramente prestar um novo concurso para dar aulas em alguma cidade do interior de Minas, quer atuar em escola rural e para isso vê no diploma de Pedagogia um aliado na execução de seus planos. Também percebe que a formação que vem recebendo tem trazido um novo olhar para sua prática docente.

Nossa personagem relata que diariamente é desafiada em sua atuação e que nos primeiros dias de sua carreira sente que não controla sua sala. Tem como pressuposto que uma boa professora é aquela que tem uma sala silenciosa, que os alunos são quietos, não levantam, estão sentados um atrás do outro. Sua visão tradicional de professora é interrogada nesse cotidiano quando, envolvida no processo de ensino-aprendizagem, questiona-se se deve corrigir ou não os alunos e orientá-los sobre seus erros. Entra em conflito consigo e com a orientadora pedagógica da escola que trabalha, que diz para ela não corrigir a criança, que a intervenção não é necessária porque com o tempo a criança perceberá seu erro. A orientadora traz em sua fala uma visão equivocada do construtivismo e mostra a necessidade de estudos teóricos embasando a prática. Nossa personagem discorda da orientadora e leva seus conflitos de sua prática para seu espaço de formação e nele busca suporte e respostas às suas dúvidas. Dado algum tempo, A. resolve que realmente não vai seguir as orientações da sua orientadora e vai "fazer do seu jeito".

> *Já não bastasse o medo que eu estava de ter que começar a carreira, agora eu tinha que me adaptar a isso aí. Então a sala era uma bagunça. Aí eu ficava desesperada, eu falava: "Gente, vamos diminuir a conversa". Aquilo era uma tortura. Todo dia eu voltava pra casa chorando, de novo, eu vou perder o controle, eles vão copiar as atividades uns dos outros. Como é que eu vou fazer?*
>
> *Aí eu comecei a falar: "Não! Dentro da minha sala de aula vai funcionar diferente. Vai ter os cantos, eles vão ter autonomia para escolher as atividades que eles vão começar, terão tempo pra fazer todas, eu vou respeitar as hipóteses, mas eu vou intervir". Então, agora eu estou supercontente.*
>
> *É uma tensão. Se eu pudesse definir o que é o meu trabalho, eu adoro mais é uma tensão. Eu estou sempre*

> *me sentindo tensionada, ao que eu gostaria que fosse, ao que eu não consigo fazer, ao que eu contribuo para acontecer de errado, ao que eu deveria contribuir para acontecer certo, então é como se eu estivesse no meio ali e um monte de elásticos me puxando para vários lados.*
>
> *Aí eu passei para outra professora, professora de reforço. Ela: "Nossa! Mais o fulaninho, está com uma dificuldade, o texto dele ta horrível!".*

Nossa personagem relata sobre as incoerências existentes no âmbito escolar, que seu dia a dia é tenso, que há muita pressão na escola sobre o trabalho do professor e que se sente desafiada o tempo todo a provar sua capacidade profissional. Os desafios e as cobranças, segundo A., partem dos alunos, dos pais, da comunidade escolar, da sociedade e dela própria.

Percebemos que esse sentimento relatado por nossa personagem transmite o que vem ocorrendo nas últimas décadas com os professores: a incerteza frente às finalidades, missões da escola e ao seu papel em relação à reprodução cultural e social. O que há é um questionamento do saber e do saber-fazer dos educadores, sua competência para lidar com as exigências do mundo atual no âmbito da educação e com a realidade social cada vez mais deteriorada, que impõe impasses diante de sua atividade profissional.

A tensão sentida por A. dentro do contexto escolar surge em parte pelas divergências e contradições contidas nas regras escolares, uma delas é o processo de atribuição de classes. Logo após sua experiência com a 4ª série, A. teve que assumir uma 2ª série porque, como era a professora mais nova da escola, tinha menos pontuação e era a última a escolher. Para A., isso é uma divergência, pois como os professores com mais experiência não escolhem as salas que exigem maior experiência de atuação, deixando-as para os novatos? Outra contradição que é vista como muito séria por nossa personagem é o cerceamento da autonomia que a escola acaba promovendo, contrariando um dos seus próprios objetivos de ensino, que é o desenvolvimento dessa autonomia. A. relata que a escola cria regras sem sentido que impedem o desenvolvimento da autonomia das crianças e que, na verdade, sua preocupação deveria ser com o desenvolvimento e a formação dos alunos. Por fazer parte dessa escola, A. acaba sendo contribuinte dessa contradição, na medida em que dentro da sala de aula age democraticamente com seus alunos, mas fora, no recreio, por exemplo, tem que seguir as regras estabelecidas pela escola, que para ela são incoerentes.

> *Que na escola não deixa correr. Eles têm que lanchar sentadinhos, papar tudo na mesinha bonitinho, não pode derrubar nada no chão, não pode usar boné e aí começa. Tudo, regras, regras, regras em cima dos coitados, lá eles não participam de qualquer decisão que é tomada.*
>
> *Dentro da sala, eu faço votação, aí fora da sala eu contribuo para que o sistema continue. Eles continuam tendo essa hierarquia pesada. Então é o que eu vejo. Não adianta dizer que eu estou formando eles com autonomia, estou em partes. Mas, fora, no corredor, saiu da sala de aula, voltou as imposições, que eu ajudo a manter.*
>
> *E é uma coisa que pra mim, por exemplo, pra mim esse negócio do boné não faz o menor sentido, pra mim usava o boné que fosse. Não é isso que vai atrapalhar. Aí a desculpa da secretaria é que vai prejudicar a saúde*

> *deles, eu sempre usei boné quando criança e nunca tive piolho por causa disso. Mas enfim, tenho que seguir a regra, eu me sinto de novo: "Eh! Boizinho vai seguindo as regras. A secretaria manda fazer isso, você faz isso".*

A família, segundo A., também traz cobranças contraditórias ao professor. Conforme relata, os pais têm estado cada vez mais distantes dos cuidados e do acompanhamento da educação de seus filhos, deixando ao professor toda carga de responsabilidade e cobrando equivocadamente exigências incoerentes. Relata que houve um episódio em sua classe de um aluno que não trouxe a autorização para participar de um passeio que a escola estava promovendo. Por isso, ela não poderia levá-lo e não levou. No dia seguinte, a mãe vem à escola dizendo que iria fazer um boletim de ocorrência contra a professora por ter deixado seu filho sem ir ao passeio. A. sente-se indignada pela afronta da mãe, pela cobrança sem razão, já que está escrito na lei que menores não podem sair sem autorização dos pais. A. diz que mais de uma vez perguntou ao aluno se seus pais haviam assinado o bilhete.

A professora-iniciante começa a ser professora-indignada. Percebe como a realidade escolar é contraditória, assim como suas próprias atitudes e como os próprios papéis que atua o são: ora desenvolve a autonomia dos alunos, ora contribui para seu cerceamento. Nossa personagem também percebe que, além do distanciamento dos pais em relação à educação dos filhos, o modelo que eles possuem do ensino que a escola deve realizar é o da escola tradicional, com cópia e muita coisa escrita no caderno. Como seu trabalho é diferente dessa expectativa, alguns pais vêm questionar seu modo de trabalhar e ela sente-se confrontada com esse questionamento, diz que faz um esforço para manter a calma e explicar aos pais seu método de trabalho e seus objetivos.

> *Eu proponho atividades que exigem raciocínio e a mãe vem me perguntar: "Porque que você não está dando cópia? Porque que meu filho não copia livro na sala? Não é cópia? No meu tempo, era cópia. No meu tempo, era caderno de caligrafia". Daí você faz todo um discurso para falar: "Não, pai, o problema é que a cópia, o que ela vai acrescentar para a criança? Ela vai repetir símbolos que para ela pode não estar tendo sentido nenhum, porque às vezes a criança nem lê. Quando, na verdade, a gente deveria estar investindo mais no raciocínio dela. Depois ela aperfeiçoa a letra de mão, não se preocupa". Bendita letra de mão! Nós estamos em uma era em que a pessoa chega ao computador digita, pelo amor de Deus! Tudo bem, eu vou ensinar a letra de mão? Vou, mas não é...*

A identidade de nossa personagem como professora está basicamente alicerçada em sua prática cotidiana, sua formação acadêmica vem trazendo subsídios para sua atuação e proporcionando questionamentos sobre esta e algumas mudanças.

A. diz que sua formação tem permitido que ela perceba fatos da sala de aula que antes não percebia, tem desconstruído pressupostos que tinha em relação ao processo ensino-aprendizagem, por exemplo, de não acreditar que os alunos eram capazes de trocar experiências entre eles, facilitando a aprendizagem entre si. Seus pressupostos acreditavam que só o professor podia ensinar e que os alunos somente copiariam uns dos outros, não podendo proporcionar aprendizagem entre si.

> *Então esse ano eu estou mais tranquila, eu tenho associado mais o que eu leio na faculdade com o que acontece ali. Toda disciplina que eu tenho, eu tento lançar algum olhar sobre o que está acontecendo.*
>
> *Isso para mim tem sido muito confortante, porque hoje em dia eu observo na minha sala: aquele ali escreve texto grudando as palavras, então eu vou ter que fornecer atividades, ter um diálogo com ele em cima dessa dificuldade, que em breve ele já não vai ter mais. Porque agora ele ainda me pergunta: "Professora, é junto ou separado?". É sinal de que ele está quase lá, ele ainda resolve com ajuda, mas em breve vai estar autônomo. E os outros, eu começo perceber quem já sabe com letra maiúscula, quem não sabe. Eu olho pra sala e faço um raio X disso. Eu ando pelos grupos já sabendo onde que eu vou intervir. E o resto é conversa entre eles e eu acompanho. É muito interessante. A gente não acredita que eles possam ensinar. Eu não acreditava nisso. Eu falei: "Não. Eles vão copiar". Imagina você ver, é uma coisa, não tem como você descrever isso.*

Percebemos ao longo da narrativa de A. que sua experiência prática tem sido fundamental para o desenvolvimento de sua identidade como professora. No entanto, não só a prática, mas a prática alimentada pela teoria. Para nossa personagem, os estudos teóricos que tem recebido na faculdade promovem um novo olhar e novas ações, além de diminuir sua angústia em relação à sua atuação, se está ou não agindo corretamente. A. diz que não acredita na prática isolada, mas na teoria dando base, alimentando-se da prática, que por sua vez alimenta-se da teoria, estabelecendo uma relação dialética. Quando questionada sobre se houve mudanças após sua entrada na faculdade de Pedagogia, A. responde:

> *Ah! Mudou. Mudou muito! Eu me sentia um trapo. Porque olha na 4ª série o que eu estava fazendo com eles? Aquele velho esqueminha tradicional. Então foram os dois; foi a escola que propôs esse trabalho em conjunto, em grupos, mas a faculdade veio me ajudar no sentido de não me deixar angustiada. Porque só alguém me dizer: "Trabalha assim que dá certo". Eu comecei a desconfiar, eu comecei: "Mas quem diz que dá certo? Quem diz que eles vão descobrir?". Aonde eu comecei a questionar: "Ah, eles vão descobrir tudo sozinhos? Eu estou vendo que não e aí e agora pra onde que eu corro?".*

A teoria tem permitido que a identidade docente de A. se fortaleça, mas o desenvolvimento e constituição do papel de professora-envolvida-responsável, segundo nossa narradora, só é possível essencialmente pela prática, porque é na prática que se aprende a ser professora, a lidar realmente com as crianças, é a prática que mostra o que deve permanecer ou mudar em suas ações. Nossa personagem acredita que com os anos de experiência sua ansiedade e insegurança serão diminuídas. Confia na experiência prática como promotora de tranquilidade da sua ação, pensa que o pouco tempo de experiência que tem seja o causador de suas angústias e anseios. Dessa maneira, vemos nossa personagem querer transformar-se no papel de professora-experiente.

> *Eu posso dizer que o Magistério ajudou, mas o jeito que você lida com as crianças, o horário que as coisas acon-*

> *tecem, elas vão te ensinando. Porque não tem, isso não tem escrito em lugar nenhum. Nem aqui na faculdade.*
>
> *Eu fico doida para chegar os dez anos de experiência, para depois eu acalmar um pouco e poder analisar as coisas mais tranquilamente.*
>
> *É isso que eu, que eu acho que fica faltando, que com o tempo talvez eu abaixo um pouco, eu fique mais segura, não que aí eu perca o interesse em fazer as coisas diferenciadas. Mas que eu tenha o pé no chão, tranquila, que é coisa que eu ainda não tenho.*

Nossa personagem consegue realizar o que o modelo de racionalidade prática propõe: estabelecer o diálogo entre os conhecimentos reais e a teoria estudada, construindo seus próprios conhecimentos sobre as questões educacionais. É possível perceber que A. se preocupa para que não haja sobreposição da prática em relação à teoria, esse é um ponto alertado por vários pesquisadores e que discutiremos mais à frente no Capítulo VII.

Podemos apreender pela narrativa de A. que o papel por ela desempenhado na escola é o de professora-inexperiente, mas junto a esse papel também desempenha o de professora-comprometida. Em todo tempo em que esteve narrando sua atuação e suas experiências com os alunos, ela demonstra sua preocupação em como fazer o melhor para que seus alunos aprendam. Questiona seu comportamento em determinadas situações e percebe muitos equívocos. Essa reflexão permite a mudança e transformação no desempenho de seu papel, para que cada vez mais se aproxime do papel que quer desempenhar: o de professora-experiente. A. sente-se responsável pelos alunos que apresentam dificuldade no processo de ensino-aprendizagem, sentindo-se comprometida com a problemática, não acredita que o fracasso do aluno seja de responsabilidade somente dele. Muitas vezes, diz não saber o que fazer para auxiliar na aprendizagem do aluno, não sabe o que pode estar dificultando o processo e se questiona se a avaliação psicológica para a qual são encaminhados esses alunos é a melhor maneira de auxiliá-los. Acredita que muitos alunos que vão para o diagnóstico psicológico não deveriam estar lá. Pensa que o que eles precisam é de uma nova proposta educacional da professora, só que muitas vezes ela mesma não sabe que proposta é essa.

> *Como eu fico muito ansiosa, me cobro muito do meu trabalho, tenho uma autocrítica, às vezes me faz até mal, às vezes de ficar imaginando, como no caso desses dois alunos, de que o fracasso é sempre meu. Então, o que eu tenho que fazer para melhorar, e às vezes eu fico doente de tanto ficar preocupada com isso.*
>
> *Que tipo de técnica eu teria que ter usado a mais e estou tentando usar ainda que não está surtindo efeito neles e que surtiu nos outros. Surtiu neles? Sim, eles evoluíram de pré-silábicos para silábico-alfabéticos, mais ainda não estão em um nível de autonomia e desenvolvimento dos demais. E eu não sei identificar que tipo de problema tem esse aluno. Eu fico pensando: "Mas o que que faz ele não conseguir aprender?". Aí faz acompanhamento com Educação Especial, o professor de Educação Especial diz: "Ele está em fase de avaliação ainda. Eu não sei te dizer o que ele tem". Então fica essa dúvida, eu não digo que a responsabilidade é dela. Mais nem eu sei o que ele tem, nem ela.*

> *O fracasso é meu, é mais, eu sinto como se fosse meu e não deles.*

Esses questionamentos realizados por A. nos remetem a uma velha parceria entre a Educação e a Psicologia. No início dessa união, a Psicologia focaliza seu olhar para as questões da aprendizagem e das capacidades individuais. É possível verificar que quando A. questiona para si e para a psicóloga o que acontece com seu aluno que não consegue aprender, se tem por trás dessa pergunta a clássica necessidade que a Educação e a própria sociedade trouxe para a Psicologia de identificar, diagnosticar e classificar as crianças com dificuldades escolares e, em seguida, propor métodos especiais de educação, que ajustem as crianças aos padrões estabelecidos. Nossa personagem avança em relação a essa ideia, quando sente que a responsabilidade da dificuldade não é somente do aluno, mas dela também. Há uma percepção por parte de A. de que há outros fatores que influenciam no processo de ensino aprendizagem. A. menciona que tanto o sucesso como o fracasso na aprendizagem dos alunos é resultado de uma responsabilidade conjunta. Nossa personagem também menciona a importância das relações estabelecidas nesse processo e que estas devem ser observadas e analisadas dentro de certo tempo e espaço, A. considera em sua observação que o aluno é um indivíduo histórico-social e que esse fator deve ser incluído nas apreciações a seu respeito.

Voltando à narrativa de nossa personagem, ela também relata sobre sua relação com seus pares.

> *Eu acho que para você, inclusive de estratégias de ensino, a minha sorte é que esse meu jeito ansioso de ser, acaba mobilizando o grupo da 2ª série lá da escola.*

> *Esse tipo de pergunta eu não queria continuar a ter. De ficar duvidando muito, no sentido "Nossa! Será que está todo mundo certo?". Então eu vou repetir esse aluno. Eu não vou deixar isso acontecer, mas ainda leva uma pontinha de insegurança.*

> *E os professores de lá, eles já são o contrário, eles estão mais parados, mas eles têm muita experiência, então, eles têm me ajudado muito, a gente troca muito.*

Sendo a professora-inexperiente-ansiosa, nossa personagem acaba por buscar auxílio nos companheiros de profissão, mobilizando-os, que acabam por "socorrê-la" através da troca de experiência, dando sugestões de atividades e de conduta. A. não é passiva diante dessa troca, reflete sobre as sugestões dadas e, muitas vezes, não concorda com elas, tomando decisões à sua maneira. Tendo como base a ação do outro, A. constitui seu fazer. A experiência do outro e as relações interpessoais estabelecidas servem como parâmetro para ser e não ser a professora que quer. Seu jeito também influencia alguns professores do grupo que acabam por modificar sua ação. Em sua narrativa, A. faz uma observação: diz que a maioria dos professores na escola em que atua tem uma experiência de anos, razão pela qual é mais tranquila, não apresenta a ansiedade que ela tem, mas vê que eles são acomodados, não têm iniciativa, não inovam sua prática. O desejo de ser professora-experiente carrega o desejo de ser sempre professora-envolvida, trazendo para esse papel a experiência que ainda não tem.

Como a constituição da identidade se dá através das relações, nossa professora-inexperiente parte de suas relações para apropriar-se do que quer e não quer vir-a-ser, reflete sobre sua atuação e sobre as sugestões dadas pelos outros professores e, muitas vezes, não concorda com as mesmas. Há um desejo de sua parte de que futuramente não precise das opiniões dos outros sobre como agir. Sente certo desconforto com essa situação. Como não concorda com determinadas opiniões, fica na dúvida se o que pensa está correto ou não, acredita que com a experiência que virá não se sentirá mais dessa maneira.

> *Aí eu passei para outra professora, professora de reforço. Ela: "Nossa! Mas o fulaninho, está com uma dificuldade, o texto dele está horrível!".*
>
> *Agora os outros professores enxergam o traçado da letra como um grande defeito, então: "Nossa que texto horrível!". Aí que eu falo que eu queria ter mais segurança. Aí eu parei para pensar: "Gente, será que eu estou superestimando o trabalho dele. Eu estou enxergando demais". Daí eu fico me perguntando: "Mas eu não estou, gente! Ele está autônomo, ele consegue...". Para uma 3ª série eu imagino que seja uma criança capaz de compreender um enunciado, responder. Capaz de escrever um texto, de atender à norma, um texto que dê para você ler. Eu leio os textos dele, não é porque eu sou especial, é porque dá para ler. É nesse sentindo que eu estou falando.*

Apesar de sentir-se professora-inexperiente, nossa personagem percebe que não é tão inexperiente assim em relação a muitas colegas do curso de Pedagogia que frequenta. Nesse local, torna-se professora-experiente, pois muitas de suas colegas não possuem nenhum contato com a prática profissional e passam a tê-la como referência para conversas, nas quais perguntas sobre a realidade escolar são o enfoque. Através dessas conversas, a prática de A. passa a ser a referência e o ponto de partida para reflexões das colegas e dela própria sobre o cotidiano escolar.

> *Eu sei disso porque eu vejo colegas meus que às vezes perguntam: "Como é a sala de aula?". Eles não têm noção ainda. Nem eu tenho direito, eu estou aprendendo. E vejo que eles menos ainda, pessoas que não lecionam. Então, você aprende mesmo ali, no duro, no espaço, eles te ensinando, as crianças te direcionando.*

A. frisa que é na lida do dia a dia que se tornou professora. Apesar de ainda estar aprendendo, é no fazer que nós somos algo, que possuímos e nos apropriamos da identidade.

Pela multideterminação que compõe a identidade, A. tem um desejo marcado pela influência de sua família e de sua vivência na infância.

> *Agora o meu sonho não é ainda onde eu estou. Estou muito feliz, estou aprendendo demais, mas, ainda é a questão da escola rural mesmo. Eu tenho vontade de trabalhar no sertão de Minas, assim bem afastado, tenho vontade de morar em um lugar assim. Eu sinto falta da zona rural.*

> *Meu pai era advogado, de uma família de posses, minha mãe fazia Economia na UFRJ, e eles resolveram largar tudo, compraram um sítio em Valença e foram para lá cuidar de gado, galinha. Na época, a família criticou muito.*

> *Então eu nasci no meio vendo isso, eu tenho vontade de voltar. De voltar para essa realidade. Essa visão de ter vivido na zona rural e dos pensamentos dos meus pais influenciam na minha prática de sala de aula. Eu sou fruto daquilo que a gente comentou também: de enxergar essa totalidade, de ficar indignado de ver aquelas crianças presas.*
>
> *E lá eu poderia estar dando aula em um lugar mais tranquilo. Claro que vai ter dificuldade, eu sei que sonho não existe, eu sei que nessa escola, provavelmente, eu vou ter que ser a inspetora, a que roda as folhas, a que dá aula. Eu sei que a realidade é assim, não é a professora recebendo as folhinhas prontinhas pra dar aos alunos. Muitas vezes, é ela que tem que ir lá dar o lanche, faz todas as funções, a escolinha com uma sala só. Mais que pode ter um sentido diferente. Eu sinto falta disso, eu tenho me sentido distante até da minha espiritualidade.*

Como os pais, ela também pensa em ir morar e trabalhar na zona rural onde acredita conseguir ficar mais próxima da natureza e ter uma vida mais tranquila, menos estressante. Sabe que existem desafios e dificuldades na escola rural, que geralmente é desprovida de condições estruturais: materiais e funcionários. Relata que possivelmente terá que desempenhar outras funções além da de professora, tais como: merendeira, inspetora, faxineira. No entanto, pensa que a qualidade de vida que terá compensará o dinheiro que gasta na cidade com remédios para doenças causadas pelo estresse. Para que esse desejo de ser professora-rural se realize, ela tem poupado uma parte de seu salário para comprar futuramente, junto com o marido, um lugar para morarem na zona rural. Vemos aqui a forte influência do modelo familiar recebido por A. e a tentativa de reproduzir em sua vida o que seus pais realizaram; largar tudo na cidade e acreditar em uma nova forma de vida na zona rural.

A história narrada por A. mostra o dinamismo de sua identidade. Em todo o momento de sua história, ela é desafiada a mudar e a assumir novos papéis para sua constituição. Nossa personagem não tem medo e encara os desafios postos, mesmo quando não rompe com as influências do modelo familiar recebido, ela tem sido um constante por-vir, mantendo suas influências familiares que lhe trazem fortemente a característica e o gosto pela vida na zona rural.

Em relação à professora que é, podemos dizer que a constituição de sua identidade docente está alicerçada, baseada e construída através da prática cotidiana que exerce. A identidade de professora só é assumida por estar sendo professora. São as suas experiências, o contato com os alunos e companheiros de profissão, as reflexões que realiza a partir de sua atuação que a fazem ser e sentir-se professora. Nossa personagem também se refere ao processo de formação pelo qual está passando na faculdade. Ela reconhece a importância dos fundamentos teóricos que está tendo para o fortalecimento de sua identidade docente, percebe que é no diálogo desta formação com a prática cotidiana que as perspectivas teóricas ganham sentido, constituem e fortalecem sua identidade docente, e que sua prática como professora se enriquece pelas apropriações teóricas que realiza por causa de sua formação na faculdade.

IV. Personagem 2: a constituição do ser professora através da relação com o outro

"Somos sujeitos porque desejamos,
Sonhamos, imaginamos e criamos: na busca
permanente da alegria, da esperança,
do fortalecimento, da liberdade, de uma sociedade
mais justa, da felicidade a que todos temos direito."
Madalena Freire

Nossa outra personagem (E., como vamos chamá-la) é do sexo feminino, está na casa dos 50 anos, exerce o cargo de relações públicas em uma empresa de pisos e revestimentos na cidade de Campinas.

Ela inicia sua história apresentando sua origem, sua família, sua condição de vida e o *status* que possuía devido à profissão do pai.

> *Eu nasci em Leme. E a gente teve uma vida supertranquila lá. Na verdade, eu venho de uma família, meu pai é médico, minha mãe era professora, mas ela nunca exerceu a profissão depois que se casou. Então era uma família de classe média alta, classe média. Meu pai era médico em uma cidade pequena, então tem um* status *dentro da sociedade.*

E. apresenta-se como pertencente a uma típica família burguesa patriarcal, o pai é o provedor, garante o sustento, a estabilidade e o *status* da família. O modelo familiar está baseado na autoridade e dominação exercida pelo homem, que é a cabeça do casal. A mãe, apesar de ter estudado para ser professora e ter dado aulas antes de se casar, após o casamento não exerce mais a profissão, ficando responsável pela casa e pelos filhos. O pai é quem toma as decisões e a família deve acatá-las. Por conta de um projeto de trabalho do pai, a família muda-se de Leme para Campinas.

> *Aí meu pai quis se mudar para Campinas por questão profissional mesmo, porque ele estava muito sobrecarregado lá, cidade pequena não comporta uma especialidade e ele acabava tendo muito trabalho. Resolveu mudar para cá. Fez uma especialidade, se especializou em alergia e a gente veio pra cá. E ele se mudou antes, para poder começar o consultório.*

A aparente tranquilidade e estabilidade da família são quebradas com a separação dos pais, que traz consequências desagradáveis. A mãe se desestabiliza com a separação, os filhos são pegos de surpresa e, por ser a filha mais velha, nossa personagem fica responsável por ajudar nos cuidados da casa, dos irmãos adolescentes e da própria mãe, além de ter que iniciar sua vida como trabalhadora para ajudar na manutenção da casa e pela cobrança do próprio pai.

> *Meus pais se separaram, foi uma separação inesperada para nós, filhos, e foi, trouxe muitas consequências maléficas para nossa vida. Primeiro porque a gente estava em uma idade supercomplicada, eu era a filha mais velha, sou a filha mais velha e meus irmãos todos adolescentes, pré-adolescentes, então foi uma época muito difícil. Eu tive que apoiar muito a minha mãe e tomar um pouco conta de casa, entendeu?*

> *Precisei começar a trabalhar em função disso também, que até então meu pai só queria que a gente estudasse. Mas, de repente muda a cabeça até e aí ele começou cobrar que a gente também trabalhasse.*

Os pais, por conta da separação, passam a exigir de nossa personagem que deixe de ser a filha "mimada", que antes era cobrada para ter "bons comportamentos"; agora ela deve adquirir responsabilidade pela própria vida e não mais esperar pelos cuidados paternos. O pai não só muda de opinião em relação à mulher que quer e não quer ao seu lado, mas também o tipo de filhos e de pai que quer ser.

A convivência e influência que o pai exerce sobre E. a levam ao desenvolvimento e à aquisição de um novo papel, o de responsável-trabalhadora, que traz uma nova mudança em sua identidade.

Em relação à sua escolaridade, nossa personagem, apesar de ter uma família com uma condição financeira estável, relata que sempre estudou em escola pública, porque não havia escola particular na cidade onde morava e a família não tinha a cultura de colocar os filhos para estudarem em escola particular. Os pais tinham por pressuposto que a filha tinha que ser bem comportada e por acharem que ela era muito "moleca", colocaram-na em um colégio interno, no qual permaneceu por dois anos, aprendendo a ter bom comportamento.

> *Aí meus pais resolveram que eu deveria ir para um colégio interno, porque eu era muito moleca, eles achavam que eu ia aprender bons modos num colégio interno. Porque eles foram educados em colégio interno, os dois. Minha mãe porque era órfã e meu pai porque era moda naquela época dele, era bom, os melhores colégios eram os colégios internos.*

Nesse ponto, E. comete um lapso em sua narrativa, ela diz que sempre havia estudado em escola pública, mas quando menciona o colégio interno fica uma dúvida, pois geralmente colégios internos são pagos e não públicos. Outra questão envolvida na sua estadia no colégio interno foi a crença dos pais de que nesse ambiente a filha aprenderia a seguir as ordens e a disciplina, deixando de ser "moleca" e não por acharem que a qualidade do ensino dessa instituição era superior a de escolas públicas.

Quando termina o Ensino Fundamental, tenta prestar prova para entrar no colégio Culto à Ciência, não consegue entrar e justifica sua reprovação acreditando que não tinha tido boa base educacional por ter estudado em "escolas públicas". Ou seja, considera que a educação da escola que teve é mais fraca do que a da escola de outras pessoas que prestaram a prova e que os conhecimentos adquiridos não foram suficientes para concorrer a uma vaga no colégio pretendido.

Faz o Ensino Médio em outra escola pública e quando termina presta vestibular para o curso de Turismo. Diz ter tido muitas dúvidas em relação ao que deveria prestar e que não estava em uma fase da vida pessoal muito boa, pois foi nessa época em que os pais se separaram. O pai dava várias opiniões quanto ao curso que ela deveria prestar, sugeriu os cursos de Tecnologia de Alimentos e Bioquímica, e era contra uma possível vontade dela em fazer Medicina. O pai de E. exerce grande poder e dominação, influenciando nas suas tomadas de decisões e escolhas.

> *Eu tinha tantas opções na minha cabeça de faculdade, mas realmente eu não sabia o que eu queria fazer. Como Turismo assim, estava aparecendo como a faculdade, a profissão do futuro e tal. Eu*

> *acho que com 17 anos eu não estava madura para escolher e também em função da minha situação pessoal, eu não estava. E assim, meu pai sempre ficava falando várias coisas, que queria Tecnologia de Alimentos, Bioquímica, ficava falando de quinhentas mil coisas, menos de Medicina, que ele não queria que eu fizesse Medicina, nem um dos filhos de jeito nenhum. Então, eu acabei escolhendo sem maturidade mesmo.*

Enfim, opta pelo curso de Turismo porque era um curso novo, mas afirma que escolheu o curso sem maturidade, sem saber o que realmente queria. Após a separação dos pais, começa a trabalhar no aeroporto, fazendo escalas de horário, por conta do emprego e, por não se envolver com o curso, começa a ter muitas faltas e acaba por desistir do curso. Relata que não gostava de ler, que aprendeu a gostar de ler quando saiu da faculdade e não tinha mais essa obrigação. Um tempo depois, pensa em voltar para a faculdade para fazer outro curso, pensa em fazer Letras porque gostava muito de estudar línguas, mas suas dúvidas em relação ao que realmente queria fazer continuavam. Não se sente madura ainda para escolher seu curso. Nossa personagem, durante o tempo em que esteve na faculdade de Turismo, vai se metamorfoseando, mudando e nessa fase passa a desenvolver a personagem de universitária que lhe é adjudicada pela instituição. No entanto, o significado que ela dá para esse papel é o da universitária-que--não-se-envolve, nesse momento de sua vida, está mais envolvida com outro papel, que é o de trabalhadora. E., então, escolhe dar maior sentido ao papel de trabalhadora, tanto que desiste de ser universitária.

Após o abandono da faculdade, os anos vão passando e nossa personagem continua na dúvida sobre qual curso deve fazer na universidade. Aos 24 anos, casa-se e tem 3 filhos. Adquire novos papéis: o de esposa e mãe, que dificultam ainda mais seu retorno para a faculdade. Na gravidez da segunda filha, para de trabalhar, resolve deixar seus projetos pessoais de lado para cuidar e investir nos filhos e em sua educação. A identidade de E. está marcada pelas transformações e por assumir novos papéis, no entanto, quando assume o papel de mãe, há uma reprodução do papel desempenhado pela sua própria mãe, que abdicou de seus outros projetos pessoais para cuidar da família. O papel de mãe assumido por E. vai marcar todas as suas escolhas, ele passa a ser o personagem predominante em sua identidade.

> *E eu me casei com 24 anos, tinha acabado de fazer 24, depois vieram os filhos, ficava difícil de ler. Eu fico pensando que quando eu era obrigada a ler na escola, eu não gostava.*
>
> *E eu sempre pensei em voltar, mais eu sabia que não dava. Meus filhos pequenos, eu estava investindo nos meus filhos, como estou ainda, até hoje.*

Sua dedicação exclusiva à família e aos filhos permanece até o filho mais novo completar 4 anos, em meados de 1989. Nesse ano, nossa personagem volta ao mercado de trabalho e passa a trabalhar junto com amigos que possuem uma loja de pisos e revestimentos, fazendo contatos com arquitetos. Está nesse emprego até hoje. A partir do contato diário com esses amigos, nossa personagem também encontra um novo papel a desempenhar: agora é membro de uma igreja evangélica que trabalha com ações sociais. Esses trabalhos permitiram o contato com cursos de Educação Popular, que geraram em nossa personagem o gosto por trabalhos sociais e de promoção do bem-estar e desenvolvimento do outro.

> *Eu comecei a frequentar uma igreja evangélica e ela, na verdade, era uma comunidade pequenininha na casa de um amigo meu que é pastor e eu comecei a me envolver bastante com um grupo que tinha lá, de ação social. E eu gostava muito disso, e eu descobri que eu gostava muito de fazer isso, então eu comecei a fazer de forma voluntária [...] a gente fez alguns cursos de Educação Popular.*

Esse encontro com o trabalho voluntário vai marcar e influenciar decididamente os planos de formação de E., pois é a partir do contato com esse trabalho que ela resolve voltar a estudar, quer fazer um curso que lhe possibilite ficar próxima das pessoas. No entanto, ainda existem muitas dúvidas sobre qual fazer. Pensa em Serviço Social, Enfermagem, mas sua escolha pela Educação é marcada pela questão econômica, pois os outros cursos tinham que ser pagos e ela não podia pagar uma faculdade particular, porque ainda estava investindo nos seus filhos. Mais uma vez, abdica de seu sonho para promover o sonho da família e dos filhos, seu papel de mãe é predominante.

> *Eu fiquei com ideia, com objetivo de fazer Serviço Social. Pensei em fazer Enfermagem, pensei em fazer várias coisas ligadas assim às pessoas, eu sempre gostei de profissões que fossem bem ligadas, que eu pudesse ficar bem próxima das pessoas, ligada às pessoas. Então, eu pensei em fazer Enfermagem, outras coisas, além de Serviço Social. Mas na verdade a minha primei-*

> *ra opção era Serviço Social, como não tinha aqui na Unicamp e eu não podia pagar porque eu estou ainda investindo nos meus filhos.*

O projeto de E., de estar próxima das pessoas, a auxilia a passar por um novo processo em sua identidade. Agora quer ser universitária, quer se envolver com sua formação. As escolhas que E. realiza nos faz pensar na mulher que historicamente vem entrando no mercado de trabalho através de profissões que são uma extensão dos seus serviços domésticos. Nossa personagem é participante em um trabalho voluntário que tem por finalidade beneficiar pessoas e acaba por pensar em profissões que tenham esse objetivo mais fortemente marcado.

A Pedagogia acaba por se mostrar uma opção que vem ao encontro dessa necessidade e da necessidade econômica. Durante a decisão de que curso fazer, ela realiza uma investigação com a finalidade de caracterizar o perfil dos cursos e poder escolher o que melhor atende suas expectativas. Para firmar essa escolha, diz que agora se sente madura em relação à escolha feita, porque escolheu uma coisa que sempre quis fazer.

> *Eu resolvi prestar Pedagogia, eu fui fazer uma pesquisa, pesquisei sobre os cursos, sobre quais eram as matérias, o currículo dos cursos, eu dei uma pesquisada e vi que na Pedagogia, na educação em si, eu acho que a gente tem uma área muito ampla para trabalhar, principalmente desta forma que eu pretendo trabalhar, próximo às pessoas.*

> *No meu caso, se deve à minha maturidade mesmo, eu ter descoberto o que eu gosto de fazer, quer*

> *dizer então, me dá muito prazer. Estar estudando para fazer uma coisa que eu sempre quis fazer*

Podemos perceber que o ato de escolher Pedagogia mostra em E. um papel ativo, de busca, realizado através da pesquisa e também a permanência de seu desejo em trabalhar com pessoas. Para comprometer-se com sua escolha, E. a justifica por meio de seu processo de maturidade. Sua maturidade se coloca na ação de realizar uma pesquisa sobre o curso de Pedagogia e ver se nele encontra as expectativas de trabalho almejadas. Maturidade para E., nesse caso, parece estar relacionada com o fato de a escolha aproximar-se mais de seu desejo inicial, em ver nessa possibilidade o trabalho que projeta fazer. A escolha real que faz ocorre em função de suas responsabilidades assumidas no papel de mãe, nossa personagem, ao mesmo tempo que está se transformando em uma universitária-envolvida, permanece deixando suas primeiras escolhas de lado. Uma marca na fala de E., enquanto nos relata sobre a escolha de um curso universitário, é a importância que ela dá à idade, considera que a maioria das garotas que está em sua turma na faculdade não fez a escolha pelo curso com maturidade. Relata que elas dizem não saber se é isso mesmo o que querem, vão terminar o curso porque já estão na metade. E. considera que o envolvimento com as disciplinas do curso e a responsabilidade com a profissão é maior quando se tem maturidade na escolha.

> *O fato de as pessoas terem que escolher tão cedo uma profissão e tão imaturas, isto acaba tendo uma consequência na hora que você está cursando, tem algumas meninas na minha classe que até agora não sabem se é isso mesmo que elas querem fazer. Já está na metade do*

> *curso e não sabe se querem continuar, e outras vão terminar porque já estão na metade, mas provavelmente vão querer outra coisa depois, então eu acho assim, é um privilégio poder saber o que quer e isto faz toda a diferença no empenho que você tem em relação à profissão em si, eu acho que a gente enxerga com mais responsabilidade mesmo quando a gente... Eu acho assim, que eu consigo ver e mais algumas pessoas como eu já disse na minha classe que têm a minha idade, a gente consegue, talvez, ver de uma forma mais ampla o tanto que a educação, que o papel do professor é importante na vida das crianças, principalmente quando você pega aí a turminha de pré-escola, 1ª série.*

Reafirmando a importância da idade na escolha profissional, E. diz que as alunas mais envolvidas no curso são as da mesma faixa etária que a sua e algumas mais novas, que geralmente já atuam como professoras. Parece que quando nossa narradora critica a dúvida das companheiras de curso, faz uma crítica a si mesma, do que foi no passado. Seu incômodo em ver a incerteza dessas meninas é o mesmo incômodo que sentiu quando ela mesma não tinha envolvimento com o curso de Turismo. Sente-se em situação mais favorável porque abandonou o curso e não se tornou a profissional que não queria ser.

Nossa personagem sente dificuldade em desempenhar seu papel de universitária-envolvida, pois seu papel de mãe-trabalhadora requer muitas horas de dedicação. Por esse motivo, ela diz que talvez tenha que fazer o curso em mais tempo, há uma incerteza se conseguirá realizá-lo no tempo regular. Mais uma vez seus projetos pessoais podem ser deixados para trás em virtude dos cuidados e do provento que assume em relação à família. Podemos afirmar que o papel de mãe assumido por E. tornou-se uma "identidade mito", na medida em que ela não consegue superar as contradições assumidas por tal identidade e acaba agindo sempre da mesma maneira, o que a tem impedido de ser-para-si, de fazer e se transformar. Apesar de estar fortemente ligada a essa "identidade mito", E. tenta desempenhar seu papel de universitária-envolvida, não faltando às aulas e prestando bastante atenção nelas. Gosta muito das disciplinas que tem, sente prazer em estar aprendendo e cursando Pedagogia. É isso que a tem feito permanecer, senão já teria desistido.

> *Estou no quarto semestre, tem dois anos pela frente, se eu conseguir fazer no tempo regular, se não tiver que me estender. Está corrido pra caramba! Porque tem trabalho, tem minha casa, os filhos, então é como eu costumo brincar na classe que eu tenho cachorro, mãe carente, e é complicado lidar com tudo isso, mas eu estou indo.*

> *Acho que estou indo bem, é uma coisa que eu gosto muito de fazer, se não fosse isso eu acho que eu realmente não teria conseguido. Gosto de todas as matérias, são matérias que sempre tive curiosidade de conhecer, me deram prazer em estudar, entendeu? Eu me interesso muito mesmo e procuro não faltar à aula, prestar bastante atenção, que é a única coisa que dá para fazer melhor, porque eu não consigo realmente estudar da forma como eu acho que deveria.*

A universitária-envolvida tem entrado em contato com a realidade escolar e entendido mais o conhecimento que perpassa esse ambiente através de seu processo de formação. Segundo E., por meio do curso ela tem aprendido e conhecido muitas coisas que antes desconhecia. Apesar do desconhecimento de vários assuntos relacionados ao cotidiano escolar e às práticas dos professores, E., no papel de mãe-provedora, diz que sempre tentou saber sobre a escola, quando ia matricular seus filhos procurava conversar com a diretora, saber qual era o método de trabalho e escolhia, dentre as que considerava melhor, a que se adequava ao orçamento. Apesar do cuidado na escolha, E. teve problemas com uma escola onde uma de suas filhas cursou a pré-escola. A menina foi considerada inapropriada para passar para a 1ª série porque não estava alfabetizada. Nossa personagem se sente indignada com essa atitude porque a proposta da escola, segundo ela, não era alfabetizar na pré-escola. Nossa personagem, agora mãe-indignada, questiona sobre o respeito em relação à diversidade e aos ritmos de aprendizagem que cada um tem, que escola não estava respeitando. Além de não respeitar a questão da diversidade, a escola exige uma avaliação psicológica, sugerindo dessa forma que a filha poderia ter algum problema. O raciocínio e entendimento que hoje faz sobre esse caso está alicerçado nos conhecimentos adquiridos no curso de Pedagogia, que vem trazendo informações diversas sobre o cotidiano escolar.

> *Eu tive um problema com a minha filha do meio, na mesma escola que minha filha mais velha se deu bem, que meu filho mais novo se deu bem, então é uma coisa..., cada um é um mesmo, cada criança, cada pessoa é uma pessoa diferente e eu não sei o que houve com*

> *esta minha filha, quando ela chegou à pré-escola, ela deu uma esbarrada lá na pré-escola. A coordenadora do curso me chamou, achou que ela tinha que refazer a pré-escola. E eu perguntei em que ela estava se baseando pra pedir que minha filha repetisse a pré-escola. E ela disse que ela não tinha acompanhado, que não tinha sido alfabetizada. Só que a escola não tinha a proposta de alfabetizar no pré, e aí quando eu coloquei isso, ela falou "Ah! Mas ela não está no mesmo nível das outras crianças".*
>
> *Como se todas as crianças precisassem estar no mesmo nível. Cada um é diferente do outro, ela podia ter dado a despertada logo na primeira semana de aula da 1ª série, como não... poderia demorar um pouco mais. Então, diante disso, eu a levei para fazer uma avaliação, porque isso era uma exigência da escola, inclusive. Que ela fizesse uma avaliação com uma psicóloga para ver se tinha algum problema de cognição ou aprendizado. E não tinha absolutamente nada, graças a Deus! É perfeita, inteligente.*

Apesar de E. assumir o papel de mãe-indignada, seu papel dominante de mãe-provedora a faz levar a filha para fazer a avaliação psicológica por exigência da escola, mesmo acreditando que a filha não tem problemas cognitivos. Podemos observar nesse acontecimento que o paradigma por trás dessa ação assume o fracasso escolar como inteira responsabilidade (e culpa) da aluna. Mais uma vez nota-se a presença da psicologização e patologização na Pedagogia: a busca da explicação dos problemas enfrentados na educação nos fatores puramente psicológicos, esquecendo-se de outros fatores envolvidos nesse processo. Tendo a escola essa perspectiva, a aluna é culpada por seu fracasso e é necessária alguma explicação. A busca pela explicação é descontextualizada, o único aspecto envolvido é o individual, portanto, se o aluno não apreende é porque ele tem algum problema, alguma patologia que precisa ser diagnosticada e tratada. Como a mãe era presente, não podia ser problema de família, então só podia mesmo ser um problema psicológico, que deveria ser investigado. Entretanto, a avaliação psicológica mostrou que a aluna não tinha nada, o que era preciso era só outro método de trabalho de alfabetização, que a psicóloga acabou por fazer. Outra possibilidade é talvez a necessidade que a menina tinha de um tempo maior para se alfabetizar (devido a seu ritmo), com o atendimento que a psicóloga ofereceu, a menina foi alfabetizada em dois meses. Esse episódio marca intensamente a vida da filha de nossa personagem e a sua própria. Enquanto mãe-provedora-zelosa, E. fica preocupada porque a filha acaba carregando essa experiência negativa durante toda sua trajetória escolar.

E., agora que é universitária-envolvida e entende mais sobre as coisas relacionadas ao universo escolar, diz que a filha foi alvo de chacotas, o que influenciou negativamente a autoestima dela e a fez considerar a escola um lugar ruim.

> *Mas houve algum problema na escola, porque isso marcou o resto da história dela, escolar. Ela não consegue identificar o problema na classe, eu acho que foi alguma forma como a professora lidou com ela, diante desse atraso entre aspas, porque pra mim não é atraso, cada um tem realmente seu starting. Eu acho que foi isso porque, na verdade, ela ficou com problema de autoestima, de baixa autoestima, e assim a única coisa que*

> *ela fala que ela se lembra das escolas, depois que ela passou, é de ser alvo de chacota das pessoas, entendeu? Ela realmente ficou comprometida, a vida escolar dela, ela achava que ela não conseguia, que ela não ia fazer direito, então, ela sempre ia se arrastando na escola e as pessoas realmente tiravam sarro.*

A reflexão feita por E. do que aconteceu com a filha deve-se em parte à sua formação acadêmica, que a tem colocado em contato com os questionamentos e com a realidade do cotidiano escolar. Porém, a experiência prática que nossa personagem está construindo sobre a profissão docente, para que venha a se apropriar do papel de professora-comprometida, está alicerçada na experiência do outro e não na sua própria experiência prática.

A importância citada por E. dos relatos feitos por suas companheiras de curso, da experiência cotidiana que possuem, nos remete à nossa própria história, quando eu era referência por relatar minha prática escolar no curso de Psicologia. Por causa de mim, muitos entravam em contato com a realidade escolar, minha prática servia de reflexão a outros e, através dela, podíamos pensar o que estávamos a estudar.

Em toda a narrativa de nossa personagem, a experiência do que é ser professora parte do outro e não dela mesma. Ela possui, na verdade, os pressupostos do papel de professora e tem construído o significado através deles. Na relação com esses outros sujeitos significativos, ela tem visto do que quer e do que não quer se apropriar enquanto futura professora.

> *Mas agora, depois que eu ouvi tantas coisas com relação a isso aqui. Que eu vejo tão claramente o que foi*

> *que aconteceu com ela, quando eu ouço tantas histórias deste mesmo tipo, de professoras que olham, excluem os alunos por várias razões. Um aluno que é um pouco mais peralta, um aluno que demora um pouco mais pra aprender, por vários motivos as professoras acabam... Parece que elas olham pra cara deles na fila e falam: "Este aqui vai passar de ano, este aqui não vai". E no que não vai, ela não investe. No que ela escolhe que não vai passar de ano, ela não investe. Isto é uma história triste, mas é o que acontece.*
>
> *A própria postura dos professores agora também é referência pra mim. Pra mim, a própria postura deles me faz aprender, me faz refletir, me faz pensar como eu quero ser, quando eu estiver ali naquele lugar de professor, mas em termos de bagagem ainda eu acho que ainda faltam aí os dois anos, eu espero que nesses dois eu consiga, porque eu estou pensando em ter como bagagem pra estar dentro de uma sala de aula.*

Ao narrar sua história, E. reflete que a única referência prática que tem como docente parte da experiência do outro, as reflexões, os embates entre a prática e a teoria são realizados a partir da experiência do outro e não dela própria, o que tem gerado a necessidade e insegurança de exercer o papel de professora-atuante. Diz que está recebendo muitos conhecimentos, mas que não conseguiria ser a professora que quer ser se a colocassem em uma sala de aula real. Nesse momento, E. deixa clara a importância das experiências práticas no processo de formação para a apropriação do papel e da identidade de professora. As concepções de formação docente que partem dessa ideia dizem que através dessa forma de trabalho é permitido compreender como os professores utilizam o conhecimento científico em seu cotidiano.

> *Eu fico pensando que eu estou recebendo um monte de informação, mas eu estou dizendo pra você, eu espero que, nos próximos dois anos, eu veja mais, é claro eu vou ter estágio, o lado prático. Porque até agora, se me soltar em uma sala de aula agora, eu acho que eu não consigo ser a professora que eu gostaria de ser. A educadora que eu gostaria de ser. Então espero que nestes dois outros anos que eu vou ter pela frente eu consiga realmente ter mais segurança, o fato de fazer estágio, acho que também é a prática que vai te permitir saber se posicionar.*

Nossa personagem sabe e considera importante a teoria que está recebendo, mas, quando faz uma reflexão baseada nas experiências de suas colegas que já atuam como professoras, que muitas vezes se frustram com questões teóricas discutidas em sala de aula e que não são possíveis de ser realizadas no cotidiano escolar, pensa sobre o que fazer com toda essa informação recebida na prática, como utilizar-se desses conteúdos e fazê-los válidos nesse cotidiano. Há um questionamento sobre a validade desses conteúdos, se eles realmente são essenciais para a atuação. Interessante é o apontamento das dificuldades de aprendizagem como sendo a barreira de maior obstáculo para o professor lidar. Parece que o professor, apesar de receber informações sobre as dificuldades de aprendizagem em sua formação, na prática não se sente preparado para tais obstáculos.

E. aponta que a formação docente deveria ser oferecida dentro do modelo da racionalidade prática, no entanto, não é o que ocorre. Apesar de terem as discussões teóricas sobre o processo de ensino-aprendizagem, não sabem como utilizá-las efetivamente na prática. Geralmente, cabe à Psicologia da Educação discutir as questões relacionadas às dificuldades no processo de ensino-aprendizagem, então, sua contribuição na formação docente não pode deixar de focar a complexa dinâmica escolar, os professores precisam estar atentos à diversidade e complexidade que seus alunos estão inseridos. Por conta disso, a Psicologia da Educação deve informar os professores sobre as condições históricas nas quais o conhecimento psicológico foi desenvolvido e como este pode ser utilizado para interpretar e interferir na prática pedagógica, promovendo condições reais para que tais conhecimentos sejam utilizados.

> *Então, você sabe o que acontece, aquilo que eu te falei, eu acho que elas devem também ficar meio angustiadas, porque quando vai pra prática, a gente escuta muita teoria, é muito legal, entendeu, e aí, embora os professores digam muito do lado ruim da história também, mas a gente escuta muito do que seria o ideal de ser um professor e que de repente você chega à sala de aula, não é dito dessa forma, você tem que ser assim, você tem que ser assado. E que o que a gente escuta, o que a gente aprende, vai levando a gente a formar uma ideia de como deveria ser um bom professor. Então, eu acho que essas meninas, que pelo menos a grande maioria delas, a gente leva alguma coisa pra sala de aula, pra classe, da sala de aula são esses justamente esses embates, entendeu? Dentro do que elas gostariam de fazer e, chegam lá, elas são impossibilitadas. E por exemplo, exemplos, justamente de situações que acontecem desse tipo que eu te falei, entende? De crianças que são marginalizadas*

> *dentro da sala de aula, entendeu? Se não por elas mesmas até então, mas por outras professoras que estão na escola, que são praticamente excluídas, então é esse tipo de situação que elas trazem. As dificuldades que elas têm de lidar individualmente com os alunos porque as classes são muito grandes.*

A partir da constatação de que necessita de experiência prática para se constituir professora, E. chama a atenção do ouvinte sobre a necessidade de haver um processo dialético entre teoria e prática na formação. Nossa personagem observa e considera que as alunas do curso que já atuam e, portanto, têm experiência diária como professoras, estão tendo um aproveitamento maior, pois são capazes de aliar a teoria com a prática e de questionar a teoria na prática e trazer a prática para a teoria. Sente, dessa forma, que sua inexperiência como docente tem restringido sua transformação em professora. E. nos remete às discussões realizadas sobre formação docente que veem na articulação teoria-prática a possibilidade de colocar situações-problema aos futuros professores, possibilitando a experimentação de soluções com ajuda da teoria.

> *Tem algumas pessoas na classe que já são professoras, quer dizer, eu tenho a impressão que deve estar sendo mais, muito mais proveitoso aliar a prática ao saber, a teoria, inclusive porque até acho que elas já devem estar até podendo levar para a prática algumas coisas que elas estão aprendendo. Fazer este movimento da teoria para prática, depois da prática para teoria, porque elas trazem coisas, problemas também, quando existe este momento que dá pra colocar algumas situações delas em sala de aula. Então, isso eu acho que é uma coisa*

> *que deve ajudar muito, não é meu caso, que eu nunca fui educadora de forma alguma.*

Quando E. fala que nunca foi educadora de forma alguma, vemos uma contradição em sua narrativa, porque esse fato não é verdadeiro. Nossa personagem atuou como educadora popular e atua como professora da escola dominical na igreja que frequenta; no entanto, é interessante perceber que essas experiências não são consideradas por ela, porque não fazem parte do ensino formal. Está subjacente, nos pressupostos de E. em relação ao papel de professora, que só é professora quem exerce a profissão em instituições formais, então essa identidade é adjudicada pelo ensino formal. Outra questão que alimenta esse sentimento de E. é que, para ela, o fato de trabalhar com crianças muito pequenas na escola dominical e só brincar com elas, não faz parte da educação. O que parece estar por trás dessa colocação é que a brincadeira não pode levar ao ensinamento educativo e que não cabe ao papel de professora brincar, mas só ensinar.

> *Eu gosto disso, inclusive faço isto na igreja, eu cuido de classe de pequenininho, eu fico na escala. É claro que na igreja é diferente do que na escola, nós temos classes pra ensinar a Bíblia de acordo com a idade de cada criança. De qualquer forma, não deixa de ser um ensino.*

> *Como eu disse pra você, eu brinco com as crianças na escola dominical de um a dois anos até três, três é o máximo.*

Só se é professora, segundo a perspectiva de E., quem está dentro de uma instituição de ensino formal e que não brinca. Do contrário, o que se tem é uma situação de faz de conta, não real.

Nossa personagem, diante da trajetória que está percorrendo para tornar-se professora, possui uma expectativa em relação ao trabalho que irá realizar. Ela diz que não se sente capaz de trabalhar com crianças, portanto, não está em seus projetos o trabalho com essa clientela. Seu desejo é trabalhar com Alfabetização de Jovens e Adultos ou com educação especial. Para ela, o trabalho com crianças requer maior responsabilidade porque as crianças estão ávidas por aprender tudo. O professor precisa ser um excelente modelo para as crianças, porque ele passa valores, preconceitos; precisa, além de informar sobre os conteúdos, formá-las enquanto cidadãs, precisa estar atento à diversidade de ritmos de aprendizagem das crianças, porque elas não são iguais e não aprendem da mesma maneira. Já com adultos, o trabalho do professor, segundo ela, é diferente, porque o adulto já está formado, já possui uma experiência de vida, ele está estudando porque quer e precisa. E. apresenta certo receio diante da responsabilidade de ser professora. Assim, ela tenta escapar desse receio criando alternativas de trabalho que, para ela, requerem menos responsabilidade, trabalhar com adultos para ela não é tão difícil quanto trabalhar com crianças, pois aqueles já estão formados, então é só pegar as apostilas com os conteúdos e informar, isentando-se de qualquer responsabilidade. Também se afasta dessa possibilidade de trabalho devido ao modelo que possui sobre a professora de crianças. Parece que, para E., ser professora de criança confunde-se com o papel de mãe, que ela já desempenha de forma dominante.

> *Eu acho assim, claro que existe assim uma, eu acredito na profissão de professor de informar, mas também de formar. Eu acho que a gente passa para as crianças*

de qualquer forma os nossos valores e a nossa postura diante de situações, do fato de você passar, por exemplo, preferências, preconceitos. Eu acho que o conteúdo, ensinar é a coisa mais fácil. Porque você recebe tudo pronto praticamente. Hoje em dia é assim, você recebe lá, tem lá os seus cadernos de professor, com as aulas praticamente prontas pra você ministrar e é isto.

Eu acho que já não é o caso com pessoas, com adultos, porque eu acho que o adulto já está formado, já tem outra maturidade, já tem maturidade. Aprendeu muita coisa na vida, que tinha que aprender. Não é como a criança, que está aberta e pronta para ser formada, e você é um dos agentes formadores da criança.

E. apresenta em sua fala uma contradição. Tem a ideia de que passar conteúdos é fácil, pois o ensino para ela é livresco, é só pegar os livros ou as apostilas que vêm prontos e ensinar/passar aos alunos. Ao mesmo tempo que se baseia nisso e diz que os adultos já estão formados, reconhece que o professor possui o poder de motivar ou desmotivar um aluno a estudar, dependendo de sua postura. Salienta que o professor precisa ensinar seus alunos a serem críticos e que ela própria tem aprendido a ser crítica depois de sua formação na faculdade, que antes de estar inserida nesse meio as coisas chegavam até ela, que só recebia sem fazer nenhuma reflexão e agora já não é mais assim.

As opiniões de E. sobre o trabalho com adultos ainda são conflituosas e contraditórias: ao mesmo tempo que para ela o adulto já é formado e possui suas opiniões próprias, ele precisa ser ensinado a ser crítico e motivado a estudar, como aconteceu com ela própria. Outra questão apresentada como importante para uma boa atuação como professora é a formação acadêmica junto com a formação pessoal, a história de vida do professor. Nossa personagem diz que, dependendo das escolhas que a pessoa realiza ao longo de sua vida, sua ideologia, suas crenças, seus afetos, trazem um diferencial na atuação, levando ou não a um comprometimento com a profissão, que para ela está relacionado com a promoção de aprendizagem a todos os alunos, independente de classe, credo, cor.

> *Eu acho que a formação tem muito a ver realmente com o que você [é] mas não só com a formação dentro da universidade, é uma coisa, é um pacote, né. Tem a sua formação pessoal, que nem eu te falei, os valores que você tem, a forma como você enxerga o outro, eu acho que isso tudo tem a ver, faz parte e é o que você carrega pra sua profissão, com qualquer que seja a sua profissão.*

Nesse processo de estar se constituindo como professora-responsável, E. diz que é muito importante que a faculdade prepare o futuro professor para promover a aprendizagem de seus alunos e acredita ser a autonomia um ingrediente importante para a atuação do professor para isso. Através das discussões de que participa junto às colegas que já atuam como professoras, percebe que existe diferenças em relação à autonomia de trabalho do professor dependendo do lugar de sua atuação. Vê a escola particular como cerceadora da autonomia do/da professor/professora, pois precisa atender às exigências da família e do aluno, que são os seus mantenedores. A escola pública é promotora da autonomia do professor na medida em que este não tem que prestar contas diretamente a ninguém. As dificuldades que vê na escola pública são o maior número de crianças carentes e com problemas e a falta de estrutura material.

A autonomia para E. pode ser negativa ou positiva, dependendo do compromisso que o professor venha a ter com o ensino-aprendizagem de seus alunos. Remete-se novamente à experiência que teve com sua filha, pois a professora tinha autonomia na realização de seu trabalho. No entanto, na visão de E., essa foi utilizada para excluir a filha e não para motivá-la no processo educativo.

> *E também o que eu tenho ouvido as meninas dizerem, quem dá aula em uma escola particular tem muito menos autonomia de quem dá aula em escola estadual, por incrível que pareça, porque existe lá um controle muito maior, existe lá uma regra, existe um currículo, você não pode sair fora daquilo que a escola determina que você tem que fazer e existe um controle muito grande. E na escola estadual também existe, lógico, um currículo que você tem que seguir lá pra fazer o conteúdo que você tem que dar para os alunos e existe avaliação, que é justamente um tipo de controle também, mas eu acho que você tem uma autonomia muito maior dentro da sala de aula. Eu acho, de achar assim... pelo que eu escuto das meninas dizerem. Apesar da dificuldade, elas têm mais autonomia dentro da sala de aula, de ter mais dificuldade porque tem mais criança carente, mais crianças com problemas, com dificuldades mesmo de aprendizado tal, sei elas têm mais autonomia dentro da sala de aula pra fazer da forma como elas acreditam que seja melhor.*

> *Eu acho uma coisa positiva, é aí que está também o problema, desde que a pessoa que esteja fazendo aquilo lá,*

> *que esteja na prática, no controle dessa classe, também saiba o que está fazendo. Porque você tem autonomia tanto pra fazer coisa boa, quanto pra fazer coisa ruim dentro da sala de aula. Sabe, pra você ver, essa minha filha que eu estava contando pra você, era escola particular que ela estava, porque essa relação próxima do professor com aluno, essa relação individual, que tem momentos da aula que você tem uma relação individual com o aluno, é uma coisa que foge do controle até na escola estadual, na escola particular, porque lá vai fazer tudo o que é preciso fazer, mas no modo de como ela se relaciona com essa ou com aquela criança, isso está fora do controle também.*

Podemos perceber na trajetória narrada por nossa personagem as continuidades e rupturas sofridas em sua identidade. A filha-mimada que foi permanece e reaparece em E. através das inseguranças e dos conflitos sofridos para a escolha do seu curso universitário. E. demonstra em seu discurso que diante de grandes decisões sempre necessita da opinião do outro (o pai, o marido, a igreja, a condição econômica) para justificar sua escolha, ela não consegue assumir suas escolhas sozinha. Esse outro garante para E. o cuidado que ainda gostaria de ter. As rupturas também estão presentes, pois apesar de algumas características da menina-mimada estarem presentes e serem permanentes, no presente ela também é a mãe-zelosa que mima, e nesse papel estão resquícios daquela. Também se coloca como agente atuante, ao realizar a pesquisa do curso que as condições lhe permitem – Pedagogia.

E. vai constituindo-se através da reprodução de papéis que teve como modelos, ela não consegue romper com eles. Assim como a mãe, E. restringe seus projetos, planos e desejos para beneficiar, prover e mimar seus filhos. Na extensão dos seus afazeres domésticos está o contato com a causa social que a leva a pensar em voltar à faculdade, já que os filhos estão crescidos e ela não tem mais tantos cuidados para dar; resolve dar esses cuidados a outros. Acaba por encontrar na docência essa possibilidade e mostra, por meio de sua escolha singular, a presença histórica da mulher sendo vocacionada para essa profissão, devido à sua determinação natural para cuidar e educar.

Sua constituição como professora tem se dado por meio dos modelos com que está em contato: seus próprios professores e as colegas de classe que já trabalham. Não considera relevante para sua constituição docente a experiência que tem na educação não formal.

Sua vivência no curso de Pedagogia a tem levado progressivamente a um novo universo de significados. Novas lentes estão proporcionando novos sentidos para fatos do dia a dia, a formação tem permitido uma criticidade maior de nossa personagem em relação às coisas. Através da formação, hoje ela entende o que aconteceu com a filha na escola, percebe que a professora não teve uma postura adequada, também aprendeu que existem muitos fatores que influenciaram no processo de ensino-aprendizagem. Antes ignorava o universo diverso, só existia a família burguesa à qual pertencia. Hoje vê que as possibilidades familiares são múltiplas e considera que respeitar essa diversidade seja importante na atuação do professor.

No decorrer do curso de Pedagogia, percebe a possibilidade de vir-a-ser e a realizar o tipo de trabalho que quer, tanto que já se esquece de que não era Pedagogia sua primeira opção, no entanto, passa a ser o que sempre quis fazer. Sente insegurança diante da professora-responsável que está em constituição, receia não ser o que quer ser, atuar como idealiza. Cria pressupostos em relação às dificuldades da profissão por meio das relações interpessoais proporcionadas pela faculdade. Vê a prática como importante elemento constitutivo da identidade docente e sente falta desse contato, coloca para o curso a necessidade de haver maiores oportunidades no contato com a prática e não somente no final do curso. Espera que, com o contato que terá na prática de estágio, ganhe segurança perante a realidade escolar.

E. não consegue colocar-se no papel de professora porque não o vivencia, ela não tem a prática, o que ela possui são as experiências do outro e através delas imagina o cotidiano e a identidade dessa profissão. Ocupa o lugar de expectadora e não de protagonista atuante, sua identidade docente é uma identidade idealizada, baseada no imaginário.

E. hoje está se transformando na profissional que quer ser amanhã: professora-responsável. Como será, ainda não sabemos, só em um futuro próximo, quando ela estiver sendo o que ainda não é.

V. Sobre o conceito de identidade e sua constituição

"Não é o modo de ser do indivíduo
Que explica seu modo de relacionar-se,
Mas são as relações sociais em que ele está envolvido
Que explicam seu modo de ser."
Pino

A princípio, falar sobre identidade parece fácil, afinal, todos nós temos uma e o termo tem estado cotidianamente nas rodas de conversas, não é raro ouvirmos frases como: "João está desenvolvendo sua identidade". "O samba e o futebol fazem parte da identidade do povo brasileiro". No entanto, é falsa a ideia de pensar a identidade como uma temática simples a ser discutida, pois ela se caracteriza por ser um processo multideterminado e multifacetado. Apesar da dificuldade primeira em explorarmos o assunto, algumas considerações podem ser feitas: ela representa um processo constituído socialmente através das relações e vivências que o sujeito vai estabelecendo ao longo de sua existência. É influenciada histórica e culturalmente, o sujeito é ativo no processo de sua constituição e vai ao longo do tempo simbolizando e se apropriando ou não daquilo que os outros lhe apresentam. Ela é um processo inacabado que sofre múltiplas transformações e, ao mesmo tempo, apresenta determinada permanência em seu núcleo.

Vários autores estão em consonância com essas ideias de constituição da identidade e contribuem para o nosso entendimento sobre o tema neste trabalho. Com estes iremos estabelecer um diálogo para a construção deste capítulo.

Iniciamos com Erikson (1987) e seu clássico trabalho *Identidade – Juventude e Crise*, no qual está colocada a preocupação do autor em se ocupar da discussão desse tema com a finalidade de esclarecer, questionar e trazer algumas contribuições. O referido autor inicia seu trabalho fazendo uma crítica aos cientistas que trabalham com o conceito de maneira a objetivá-lo por meio da mensuração dos comportamentos observáveis e das explicações biológicas, esquivando-se do cerne da questão, de que a identidade é multideterminada, e muitas dessas determinações não são observáveis; estão no interior do sujeito.

Para esse autor, tratar do tema identidade acarreta algumas dificuldades, pois se está trabalhando com um processo localizado no âmago do indivíduo e também no núcleo central da sua cultura coletiva e é essa afirmação que diferencia o autor de outros da sua época sobre a mesma discussão. Erikson (1987) discute o desenvolvimento da identidade a partir de uma teoria do desenvolvimento, na qual a constituição da identidade se dá em um processo contínuo de rupturas e superações. No entanto, não se restringe aos aspectos biológicos, ele incorpora em sua discussão a importância e influência do social nesse desenvolvimento, propondo aos outros autores e à própria psicanálise que é inadmissível não reconhecer esse aspecto na discussão do tema.

Para Erikson (1987):

> *[...] em termos psicológicos, a formação da identidade emprega um processo de reflexão e observação simul-*

> *tâneas, um processo que ocorre em todos os níveis do funcionamento mental, pelo qual o indivíduo se julga a si próprio à luz daquilo que percebe ser a maneira como os outros julgam, em comparação com eles próprios e com uma tipologia que é significativa para eles; enquanto que ele julga a maneira como eles o julgam, à luz do modo como se percebe a si próprio em comparação com os demais e com os tipos que se tornaram importantes para ele (p. 21).*

O que ele traz é a ideia da identidade como um processo em constante mudança e evolução, no qual há uma gradativa distinção entre o eu e o outro, na medida em que o indivíduo vai ganhando consciência do ambiente e do círculo de pessoas ao seu redor, a qual vai tornando-se cada vez mais abrangente e significativa. Entretanto, o autor afirma que o processo de desenvolvimento da identidade passa por várias crises normativas, dando maior destaque para a adolescência. Enfatiza que essas crises individuais não podem ser dissociadas da crise do desenvolvimento histórico, porque ambas ajudam a definir uma a outra e estão relacionadas. O termo "crise" vai aparecer ao longo da obra para designar um ponto decisivo, um período crucial na vida do indivíduo, marcado pela vulnerabilidade e pela potencialidade para o desenvolvimento. O crescimento humano é apresentado a partir do ponto de vista dos conflitos internos e externos que o indivíduo suporta, ressurgindo de cada crise com um sentimento maior de unidade interior, sentindo-se de acordo com os seus padrões e aqueles padrões adotados por meio das pessoas significativas a ele.

Para esse autor, o desenvolvimento da identidade é constituído por fases e cada uma delas nucleia-se em uma crise que permite a ampliação e tomada de consciência sobre as potencialidades de uma nova função, em determinada fase do crescimento, que vão ao encontro com a mudança na energia instintiva e causam, simultaneamente, uma vulnerabilidade específica nessa parte. Essa vulnerabilidade é vista como parte do processo e não como obstáculo para ele. Por exemplo: um bebê é dependente e frágil, e são esses aspectos que garantem sua sobrevivência, pois o bebê transmite sinais a que seu meio reage, sua presença exerce um domínio sobre as vidas exteriores e interiores de todos os membros da casa, tanto que eles se reorientam para se adaptarem ao bebê, eles precisam se desenvolver como indivíduo e como grupo, assim o bebê controla sua família e a família controla o bebê, ambos desenvolvendo-se.

Assim, o processo de formação da identidade é estabelecido por sucessivas sínteses e ressínteses do ego durante toda infância. O trabalho do ego permite a continuidade do eu do indivíduo. Segundo Erikson (1987), é o ego que realiza a seleção das identificações significativas durante a infância e a integração das imagens do eu que culmina em um sentimento de identidade.

Iniciamos nossa reflexão com esse autor pela sua valiosa contribuição para a compreensão da constituição da identidade a partir das relações sociais e das influências que elas trazem. Outra contribuição importante dada por Erikson (1987) refere-se ao desenvolvimento e à constituição da identidade por meio de rupturas e superações. Compartilhamos dessas ideias, apesar de nossa leitura em relação a esse processo não ser de origem psicanalítica. Para nós, a identidade só pode ser compreendida se a olharmos dentro de um contexto histórico e cultural, ela se constitui através das relações sociais estabelecidas pelo sujeito e se dá ao longo das experiências, no contato com o grupo, na representação de papéis assumidos ao longo da vida, que se estabelecem pelas mudanças e superações que vão surgindo no decorrer da vida, a partir das relações e da atividade desempenhada pelo sujeito. Assim, a identidade seria aquilo que define o ser.

Desde o início de nossa vida, nossa identidade é atribuída pelo outro, por meio de vários fatores: nome, sobrenome, apelidos, determinadas roupas, determinadas cores, determinados lugares entre outras determinações, ou seja, interiorizamos aquilo que os outros nos atribuem de tal forma que se torna algo nosso. Como exemplo: temos o nosso nome que, logo ao nascermos, nos é dado por outro. No entanto, esse nome com o tempo funde-se a nós tornando-se um símbolo de nós mesmos, isso graças ao significado e à apropriação que realizamos. Nosso nome nos identifica e com ele somos identificados: "[...] nós nos chamamos, mas isto só depois de certa idade, pois, inicialmente apenas somos chamados por um nome que nos foi dado" (Ciampa, 2001, p. 131).

Nós nos predicamos de algo que os outros nos atribuem e, em seguida, vamos significando ou não essas atribuições. Esse fato nos mostra como a identidade está implicada nas relações sociais. Machado (2001) diz que, por meio das relações sociais e de uma linguagem compartilhada, o homem configura sua identidade pessoal ao mesmo tempo que vai constituindo um universo de significados que o constitui como sujeito.

A identidade que inicialmente apresenta-se pelo nome próprio, adota, através das relações, das necessidades e atividades, outras formas de predicações, isto porque o indivíduo vai ao longo da vida afirmando-se, apropriando-se e significando outros papéis, que são expressos pela ideia de personagens. A identidade assume a forma de personagens, que se tornam significativos e que possuem seu conjunto de normas para a sua atuação e representação. É a execução desses personagens que a formam. Assim, podemos ter o personagem do filho, que ao mesmo tempo é pai, que ao mesmo tempo é marido, que ao mesmo tempo é professor, e cada um desses traz em si normas para sua atuação, que o indivíduo escolherá ou não seguir, ou seja, o indivíduo escolherá como irá desempenhar tais papéis, tornando-os singulares. A identidade, dessa maneira, vai se representando por proposições substantivadas, isto é, a identidade constitui-se nas ações, o ser é o que faz, o que sente, o que pensa e também o que deixa de fazer, pensar e sentir. Essas ações recebem nomes e passam a ter normas de expressão dadas pela sociedade e segundo suas nomeações, criam a ilusão de um indivíduo dotado de uma substância que se expressa através dele. Assim, a atividade de nomear separa-se do nome, a atividade de nascer, do nascido, a atividade de lavrar, do lavrador, a atividade de dar aulas, do professor. Temos habitualmente a fala do que se é e não do que se faz, o que traz uma falsa ideia do indivíduo como ser estático e inalterável. A identidade passa a ser vista como uma manifestação de um ser sempre idêntico a si mesmo e não como uma reposição de uma identidade que uma vez foi posta, uma sucessão temporal. A ação do indivíduo é retirada da relação com o fazer (Ciampa, 2001; Kolyniak, 1996; Machado, 2001).

A ideia de que o ser se manifesta através da atividade, a qual "coisifica-se" sob a forma de um personagem, e a maneira como o indivíduo se apropria deste, é muito importante para a compreensão desse processo, pois permite observar a constituição e o desenvolvimento da identidade. A atividade permite que o homem produza uma realidade humanizada e se humanize, na medida em que a transformação objetiva da natureza requer dele uma transformação subjetiva, sendo, portanto, uma rua de mão dupla, o que caracteriza a dialética. Essa característica passa a ser, ela também, um objeto de apropriação do homem — ele deve se apropriar daquilo que ele criou e tal apropriação gera novas necessidades humanas que exigem novas atividades num constante processo. Assim, além dos instrumentos e da linguagem, as relações sociais fazem parte das objetivações da atividade humana. Em resumo, a atividade humana é uma atividade histórica e geradora de história, que vai transformando a natureza e o homem concomitantemente, constituindo sua identidade (Ciampa, 2001; Duarte, 1992).

É a atividade e o fazer que vão possibilitar ao sujeito a apropriação e o sentido dado aos papéis que irá desempenhar, através das ações que só são possíveis de ocorrer nas relações, que o sujeito poderá entrar em contato com os conflitos que fazem parte do humano e romper, podendo assim, sempre, modificar-se. Modificar-se, no sentido de reapresentar, de ser o mesmo, mas de um jeito diferente ou ainda de romper com velhas normas e se fazer novamente, criando assim a possibilidade, o por-vir.

Podemos considerar a identidade uma categoria material, sua materialidade se apresenta em suas manifestações, nas ações do sujeito. O homem, ao atuar no mundo, modifica-o e modifica-se ao mesmo tempo, existindo a possibilidade do vir a ser, porque toda matéria tem a possibilidade de transformação e o homem não deixa de ter essa materialidade. Para compreendermos melhor essa ideia, vejamos Duarte (1992), o qual indica que a possibilidade não é a realidade, mas é também ela uma realidade de que o homem possa ou não possa fazer determinada coisa e isto tem importância na valorização daquilo que realmente faz. A concretização da identidade do indivíduo se dá no seu tempo vivido, na articulação do que é e do que não é; das experiências passadas e presentes e do que imagina que será no futuro. A possibilidade e a atividade permitem ao homem que, por meio da sua realidade objetiva, a transforme subjetivamente, ou seja, sua identidade estará posta na maneira particular como atuará em determinado papel, o mesmo papel é representado por diversos indivíduos, mas cada um terá sua singularidade e, ao mesmo tempo, suas coincidências.

Em virtude desse processo dialético, diz-se que a identidade é uma representação, no sentido de reapresentar, de estar sendo novamente, constituindo-se, produzindo-se. Tal representação e desempenho de papéis só é possível porque eles foram sendo atribuídos e assumidos nas relações sociais, o papel sempre é adjudicado pela instituição, que dita as regras de como o indivíduo deve agir em determinado papel, porém o modo como o indivíduo desempenha esse papel depende de suas escolhas de como ele o assume. A identidade é instituída de papéis dotados de pressuposições da sociedade e da própria pessoa, que incluem normas, valores, regras e expectativas em relação a essa ação. O pressuposto determina certas expectativas acerca dos papéis e supõe que o indivíduo aja de determinada maneira. Isso pretende garantir as posições dos papéis na sociedade, de modo que sejam mantidos. Contudo, é o indivíduo que decidirá o que fazer ou não com essas expectativas por meio da apropriação e significação que fará. A singularidade da apropriação do sujeito no desenvolvimento de sua identidade se expressará pelos traços, atributos, imagens e sentimentos que interiorizar e reconhecer como fazendo parte de si mesmo e que usará como referência para se mostrar aos outros. Podemos dizer que a identidade organiza os significados e os papéis organizam as funções. A identidade se constitui a partir do fazer e do conhecer do indivíduo no decorrer de sua história, os papéis são apreendidos e transformados pela consciência e pela identidade dos indivíduos que os desempenham.

Dessa maneira, a identidade se compõe da articulação de várias personagens que podem em diferentes momentos permanecer, desaparecer, reascender, progredir ou regredir (Baptista, 1992; Carvalho, 2004; Castells, 1942; Kolyniak, 1996).

Podemos afirmar a partir dessas considerações que a identidade se movimenta ao longo da história do indivíduo, e seu movimento é causado pelas combinações de igualdade e diferença em relação a si próprio e aos outros, trazendo sempre a possibilidade do vir a ser como uma de suas características, apresentadas ou reapresentadas pela atividade, pelo fazer do indivíduo. O fazer da identidade traz, em parte, igualdade entre os indivíduos que exercem os mesmos papéis, mas também traz a diferença na forma como cada um se identifica com esse papel. Na perspectiva apontada por Ciampa (2001), identidade é metamorfose. Metamorfose, no sentido do constante vir-a-ser, no sentido da possibilidade do humano, da constante transformação. Entretanto, apesar de ser metamorfose, há um núcleo de permanência na identidade do indivíduo promovido pela igualdade de si, tratada como mesmidade, que é a reposição do indivíduo de seu ser, é o que permanece, o que é estável ao longo de sua vida.

A mesmidade ocorre através da reposição de uma identidade pressuposta, mas essa reposição, apesar de ser a atuação de um mesmo papel, é diferenciada a cada vez que se repõe, devido à materialidade do indivíduo que se modifica a todo o momento, ao mesmo tempo que modifica o seu redor. O processo de mesmidade pode não ocorrer em determinados indivíduos, causando assim a mesmice, que é o indivíduo fazer e desempenhar o papel sempre da mesma maneira, impedindo a pessoa de ser-para-si e desenvolver-se. Isso faz com que ela fique presa a um personagem, se reduzindo a ele, ocorrendo o que se chama de "fetichismo da personagem" e "identidade mito", que é a impossibilidade de o indivíduo superar contradições e rupturas, impedindo a verdadeira natureza da identidade: a transformação, a multiplicidade e possibilidade. Se a identidade for vista como estática, não será possível realizar possibilidades, a infinidade de possibilidades do ser humano não poderá se manifestar. Mas, quando vista como metamorfose, há a possibilidade de o indivíduo tornar-se sujeito, fazendo suas escolhas sem, no entanto, esquecer-se das determinações exteriores (Baptista, 1992; Ciampa, 2001; Kolyniak, 1996).

Quando falamos que o indivíduo torna sua uma atribuição do outro, não se está querendo dizer que esse processo seja passivo, o sujeito tem uma participação ativa na constituição de seus papéis, ele somente interioriza aquilo que lhe tem significado. O sujeito irá incorporar, interiorizar o papel quando apropriar-se do significado através do seu desempenho, o indivíduo só será a partir do momento em que fizer, em que realizar as ações nos contextos em que estiver inserido. A apropriação é o processo que o indivíduo realiza internamente para tornar própria alguma coisa, não é algo que é convertido de fora para dentro, é algo que se constitui nas práticas sociais (Cunha, 2000). O sujeito vai se apropriando dos signos, dos valores, vai estabelecendo semelhanças e diferenças frente ao outro, aproximações e afastamentos do outro, assume posturas de convergência e divergência em relação ao outro, o que também caracteriza o processo de constituição de sua identidade.

Castells (1942) trata brevemente da questão da identidade pessoal dizendo que para ele a identidade é um processo de construção de significado por parte do indivíduo, com base em um atributo cultural, ou um conjunto de atributos culturais inter-relacionados, os quais prevalecem sobre outras fontes de significado. E significado seria a identificação simbólica, por parte do indivíduo, da finalidade da ação praticada por tal ator.

Trazemos a discussão de todos esses aspectos porque eles nos ajudam na tarefa de compreender o complexo processo de constituição da identidade. Poderíamos ter trazido outros, mas para nós esses são os aspectos que permitem o entendimento da multideterminação da identidade, parte-se do social porque a constituição da identidade só se dá através das relações, segue-se para a atividade, porque o indivíduo manifesta-se primordialmente nas suas ações, vai rumo ao conceito de possibilidade por ser o indivíduo inacabado. No entanto, sua constituição não é somente cognitiva, é também afetiva, por isso faz-se importante atentar, mais uma vez, ao fato de que a constituição da identidade é multideterminada pelas contribuições sociais, culturais, econômicas, familiares, políticas, emocionais entre outras. A interiorização de papéis atribuídos ao indivíduo pelos outros só ocorre se estes forem dotados de significados construídos cognitiva, social e emocionalmente.

Ressaltamos esses aspectos na medida em que somos lançados em um mundo preexistente, contendo todos os elementos de informações que foram construídos ao longo da existência da espécie e que vão ser encontrados nas relações interpessoais em que nos envolvemos, na linguagem, no pensamento, nos objetos e no seu uso, nos modos de ação – nas objetivações. O ser humano, na sua existência individual, irá se desenvolver dentro de um mundo social, que o faz ser de uma natureza ímpar, mas a marca de sua individualidade estará sempre referida aos sistemas de significações que a sociedade possibilitou. Essa relação com o mundo se desdobra nos processos de apropriação, objetivação e expressão de si mesmo, correspondentes ao agir, pensar e sentir que caracterizam todas as manifestações da vida humana. O desenvolvimento da consciência do eu corresponde ao processo de diferenciação de suas formas de pensar, agir, sentir. Essa consciência constitui-se sempre como uma consciência social, fundamentada na rede das relações sociais. Constantemente o indivíduo avalia os significados dos objetos sociais e lhes atribui um sentido pessoal, a partir de suas implicações com eles. Por isso, dizemos que os afetos estão permanentemente presentes, ainda que muitas vezes não conceitualizados, nos diferentes níveis de experiência do sujeito. Os sentimentos não são pulsões naturais e nem funções unicamente orgânicas e biológicas. São, na verdade, representações sociais que expressam a singularidade e as determinações sociais, morais, éticas e ideológicas complexas. Cada momento histórico tem categorias organizadoras de valor que se tornam princípios organizadores do pensamento, sentimento e das necessidades e ações do homem (Novo, 1998; Sawaia, 1994).

Ciampa et al. (2005) afirmam que existem quatro fatores que fazem parte da constituição da identidade:

- Objetividade: é aquilo que o indivíduo concretiza, vive, é o que ele tem sido e vivido;
- Normatividade: são as normas que regulam a vida social e que o indivíduo leva em consideração para desempenhar e constituir sua identidade;
- Intersubjetividade: é a relação do indivíduo com o outro tendo como mediadora a linguagem;
- Subjetividade: é a própria constituição do ser que ocorre a partir da combinação desses elementos, é a apropriação do indivíduo das coisas que lhe são postas pelas relações sociais.

Podemos afirmar, após refletirmos sobre todas essas contribuições, que identidade seria o desenvolvimento e a atuação, por parte do indivíduo, de papéis incorporados de significado, que se personificam e são pressupostos pela sociedade através das relações interpessoais. Transformamos essas determinações externas em autodeterminações, por meio do conflito e da interiorização, tendo como mediação as emoções e a linguagem. Apropriamo-nos e tornamos próprio o que se estabelece nas práticas sociais, incorporamos no mundo interior as produções sócio-históricas e culturais que estão exteriorizadas no mundo externo, fundamos a identidade no processo. O idêntico é aquilo que me é próprio, que eu transformo em único, mas, ao mesmo tempo, é o semelhante ao do outro; o que me une e me confunde a outro, ao mesmo tempo que é a singularidade e a totalidade do ser. O convívio com o grupo permite o confronto entre as pessoas e cada um vai se construindo nesse processo de interação através das constatações de semelhanças e diferenças entre nós e os outros. É na relação com o outro que podemos nos identificar.

Ao longo dos anos, esses conceitos vêm sendo utilizados em diferentes pesquisas. Dentre elas, nas que tratam sobre a identidade profissional, pois entre os papéis que desenvolvemos e nos apropriamos ao longo de nossa vida, e que fazem parte do projeto dos indivíduos, está o papel profissional. A identidade profissional vai paralelamente sendo formada junto com todos os outros papéis que assumimos e é influenciada por eles. Faz parte de sua constituição a escolha da profissão que fazemos até sua constante formação, que passa pelo tempo de formação inicial, pelos diferentes lugares onde a profissão ocorre e também pelas representações da profissão que temos por meio de relações e contatos sociais.

> É uma construção que tem a marca das experiências feitas, das opções tomadas, das práticas desenvolvidas, das continuidades e descontinuidades, quer ao nível das representações quer ao nível do trabalho concreto (Moita, 1995, p. 116).

A escolha da profissão é um dos determinantes da identificação profissional e, segundo Orlandelli (1998), essa decisão nem sempre é feita de maneira tranquila. Influências familiares, econômicas, traços psicológicos, afetividades e oportunidades impulsionam para um ou outro caminho.

Novaes (1984) e Silva (1995), em suas pesquisas, tinham por objetivo refletir o motivo da opção profissional e a identidade profissional dos docentes de 1º grau. Nos resultados, observaram que a maioria dos sujeitos afirmava que havia feito a escolha pelo Magistério por gosto/vocação; em seguida, os motivos apresentados foram: crença na educação como meio de transformação, predestinação na época da formatura, opção/vontade pessoal, sonho de criança, idealismo, necessidade de dinheiro, necessidade de ocupação e trabalho com o ser humano. Os autores, a partir desses dados, concluem que a escolha da carreira docente não é somente realizada de maneira consciente, existem outras questões por trás dela: a afetividade, o idealismo, questões econômicas, entre outras.

Esses motivos estão baseados nas representações que os indivíduos possuem da profissão, as quais foram criadas ao longo de suas vidas, através de suas relações, do convívio com professores, do falar sobre professores. Garcia, Hypolito e Vieira (2005) entendem que a identidade profissional docente se constitui a partir das posições atribuídas por diferentes discursos e agentes sociais aos sujeitos. Referem-se ainda às representações colocadas em circulação pelos discursos relativos aos modos de ser e agir de professores e professoras no exercício de suas funções em instituições educacionais, mais ou menos complexas e burocráticas. Ou seja, existem pressuposições e adjudicações que são colocadas tanto pela sociedade quanto pelas instituições.

Apesar de o motivo que levou à opção pelo Magistério ser importante no processo de identificação, é no fazer diário, no cotidiano de vida e de trabalho, que a identidade vai se constituindo com maior profundidade. E ter entrado nessa profissão por opção ou não, não determina *a priori* o desempenho ou a identificação com essa carreira, já que a identidade é um processo de metamorfose e de possibilidade (Orlandelli, 1998).

Para Severino (1996), a vida docente é configurada através das dimensões produtivas, sociais e simbólicas. A dimensão produtiva está relacionada com o domínio da produção técnica: o trabalho. A dimensão social ocorre por meio da ação política e da participação social. A dimensão simbólica acontece pela cultura simbólica. Para ele, a atuação do professor é fundamentalmente baseada na dimensão simbólica, porque as ferramentas de que dispõe em sua atuação são simbólicas e seu instrumento é o conhecimento. E, para a construção da identidade do professor, tem-se como uma das exigências sua capacitação no domínio do saber teórico, não só como acesso à sua formação, mas como mediação de seu trabalho. O primeiro aspecto da identidade do professor é sua condição de mediador cultural. No entanto, a educação também é uma modalidade de trabalho prático, de intervenção social. Ela é uma prática produtiva, seu produto imediato não é material, mas é um produto socialmente útil, e por ser uma modalidade de trabalho exige competência técnica, sendo esse outro elemento necessário para a construção da identidade do professor. Por isso, a importância da valorização de sua formação, que deve estar sempre em observação e discussão. A dimensão política ocorre na prática do professor através das relações sociais em que está inserido e nas quais há um exercício de poder entre os indivíduos e grupos. Sua atuação não se configura somente no aspecto técnico e simbólico entre as pessoas, é um relacionamento de caráter político e a identidade da/do professora/professor tem essa condição. Por isso, a necessidade de se constituir como sujeito na construção de sua cidadania e de seus alunos.

O processo identitário da/do professora/professor demanda tempo para se construir e reconstruir, assimilando mudanças necessárias, transformando comportamentos e acomodando o que é ser professora/professor. Isso implica um movimento de reflexão do passado e do presente, dando sentido à profissão, construindo uma identidade do que é ser e estar sendo professora/professor. Observamos esse processo nos estudos de Baptista (1992), Carvalho (2004), Kolyniak (1996), Machado (2001) e Romero (1996), que tinham o objetivo comum de compreender o processo de constituição da identidade de professor. A particularidade de cada estudo encontra-se na singularidade do professor em foco. Kolyniak (1996), por exemplo, observa a constituição do professor de Educação Física, em especial o que tem contribuído para o desenvolvimento de seus alunos em uma perspectiva emancipatória. Utiliza como metodologia três procedimentos: em um primeiro momento, recolhe o depoimento de cinco professores de Educação Física que falam sobre outros professores. Então, a autora busca caracterizar os professores e suas utopias. Em seguida, realiza uma entrevista semiestruturada com outros dez professores, que deveriam falar de si mesmos e de sua ação. Tem, por finalidade nessa fase, extrair as personagens encarnadas nos professores, no desempenho de suas ações, observando como aparecem no discurso as formas de agir e de ser delas. Por último, a autora utiliza-se da História de Vida de uma professora para tentar compreender dentro disso a constituição da professora de Educação Física e seus projetos futuros. Este trabalho permitiu que a autora percebesse o movimento de consciência do professor, como as personagens vão se expressando e dando vida à identidade dos professores, como as utopias são expressões de movimentos emancipatórios, e como a postura emancipatória leva a uma postura ética dos professores, permitindo a ampliação da consciência, ressaltando que uma consciência mais ampliada não garante uma ação emancipatória, garantia que só virá se estiver alicerçada no compromisso ético.

Os estudos de Baptista (1992) e de Carvalho (2004) observam a história da constituição do professor universitário. Baptista (1992) faz um resgate histórico do desenvolvimento da instituição universitária dentro da realidade brasileira e analisa particularmente o processo de construção de duas instituições e de três professores dessas instituições. Em seguida, analisa as inter-relações entre os processos de constituição da identidade do professor e da instituição à qual ele pertence. Para o resgate da história dos professores, utiliza como método o recurso da História de Vida. Ao final do seu trabalho, observou que a identidade individual dos sujeitos como professores universitários estava em termos alicerçada na identidade coletiva das instituições que passaram por duas grandes transformações. Uma na década de 1930, com o surgimento do professor universitário como agente de mudanças para a sociedade brasileira; e em 1964, quando essa identidade passa a ser indesejada e reprimida, sendo manipulada pelas instituições políticas. Segundo a autora, esses dois marcos históricos designam até hoje a identidade dos professores universitários, que se sentem impedidos de estabelecer novas identificações e, consequentemente, a autonomia do eu. Carvalho (2004) também se utiliza da História de Vida de uma professora para compreender o constituir-se professora universitária e o sentido que esta atribui à carreira docente na instituição em que está inserida. Aplica um questionário de questões abertas e fechadas com os professores dessa instituição que ministram ou ministraram alguma disciplina no curso de Pedagogia, a fim de delinear um perfil do grupo pesquisado. Os resultados revelaram que esse grupo de professores construiu e vive a carreira docente em contextos sócio-históricos e político-institucionais marcados por mudanças e paradoxos, que têm limitado o ser e fazer-se professor universitário, porque esses fatos inviabilizam o desenvolvimento das atividades docentes em toda sua amplitude e geram sentimentos que os têm levado a um profundo mal-estar. No entanto, esse mesmo contexto lhes dá a oportunidade de trilhar caminhos que podem ser transformados em possibilidades emancipatórias para o professor como indivíduo e profissional. Esses dois estudos nos mostram claramente como as influências sociais, políticas e econômicas marcam decididamente as identidades individuais que carregam essas marcas.

Machado (2001), em seu estudo, busca entender o processo de constituição da identidade e o desenvolvimento de consciência de professores que trabalham com a educação inclusiva de modo a enfrentar as adversidades de maneira diferenciada, identificando as mudanças que ocorreram ao longo de sua vida, principalmente no contato com pessoas deficientes. Para isso, trabalha com a História de

Vida de duas professoras. Por meio dessa técnica e da perspectiva da identidade, a autora observou que o contato com crianças deficientes transformou-as em professoras de deficientes que, através de seu fazer, tomaram consciência da importância do papel a ser desempenhado e que as levaram a buscar alternativas de trabalho adequadas. Esse enfrentamento ocasionou uma mudança na própria escola, mostrando a elas a possibilidade de superação das contradições da inclusão de crianças deficientes. Além disso, também ocasionou transformações nas próprias professoras, que se descobriram capazes de aprender a incluir. Esse estudo traz dados de como a identidade é transformada no fazer do sujeito e que, por meio dos conflitos existentes nesse fazer, emoções são afloradas, reflexões são realizadas e um novo fazer se constitui, transformando a identidade.

Romero (1996), em sua pesquisa, busca conhecer os professores que formam docentes para a educação básica, identificar os aspectos psicossociais que interferiram na opção ocupacional desses professores e que constituem sua identidade. Como estratégia, a autora trabalhou com o estudo de caso de uma escola e de dois professores atuantes nela. Isto permitiu que a autora notasse que a educação e a profissão de professor são determinadas historicamente. Observou na identidade de suas entrevistadas nuances históricas, no entanto, apesar de terem sofrido a influência dos valores históricos do mesmo período, suas identidades profissionais diferenciam-se. Uma tem como característica de sua identidade a constante superação das adversidades e enfatiza para suas alunas certos atributos no seu trabalho de formadora, que considera imprescindíveis para a profissão docente, tais como: a responsabilidade, a ética e o respeito. A outra professora, por sua vez, favorece a mesmice dos profissionais. Esse estudo revela como é importante que os profissionais envolvidos na formação de outros da educação estejam conscientes das influências socioeconômicas, políticas e culturais na constituição da identidade docente, buscando soluções coletivas diante dos obstáculos, mostrando a seus alunos, através de sua própria atuação, a possibilidade de conquistar uma vida profissional docente diferente.

Essas pesquisas contribuem decisivamente para o presente trabalho, pois ao considerarmos a história de identidade de nossas informantes, pudemos observar vários dos aspectos relatados e reiterar nossa partida da concepção de identidade como estrutura dinâmica, constituída no processo histórico, que destaca a ação do sujeito no mundo. A questão da prática revela-se importante categoria constituinte da identidade, por isso pretendemos destacar a influência da experiência prática como elemento formador e diferenciador na constituição da identidade dos indivíduos que optaram pela profissão docente.

As histórias de vida ouvidas neste estudo permitiram acompanhar o movimento da constituição da identidade de nossas personagens com suas rupturas e continuidades. Ambas trazem em suas narrativas as influências sociais das relações de que fizeram e fazem parte, principalmente da família, que marca a singularidade de cada uma. Para uma, essa influência converte-se em desejo de retornar à zona rural, de onde provém; na outra, a influência está fortemente marcada pelo papel de mãe que hoje exerce. Essas ações são produtos diretos de sua convivência familiar, ambas repetem os papéis desempenhados por suas mães. Também observamos a influência das relações sociais na escolha pela docência. Uma teve como influência a própria professora primária, que serviu de exemplo para sua escolha; a outra viu na docência a possibilidade de realizar a continuidade de seus projetos de cuidadora, antes realizados na família, depois nas ações sociais ligadas à igreja, agora pretende profissionalizar nesse papel. Vemos nessa imagem um forte aspecto social que faz parte da história do cenário da profissão docente, a imagem da mulher como naturalmente dotada para os cuidados com o outro.

O fazer docente e a prática aparecem como um elemento primordial na formação e constituição da identidade docente de nossas personagens. Vimos que A. só é professora e sente-se professora por estar sendo, por estar inserida na prática docente. Já E. não se considera professora, porque o que ela conhece sobre a profissão encontra-se em um nível imaginário, criado por meio dos relatos e da atuação de outras pessoas que já são professoras. Sabe que virá a ser professora, mas somente a partir do momento em que estiver inserida na prática. Até o momento, o que possui são discussões teóricas sobre como deve ser, anseia pelo início dos estágios, que são vistos como a oportunidade de complementar sua formação.

Esses dados concretizam o que vimos até então no abstrato, de que a constituição da identidade se dá por meio das relações e manifesta-se no fazer, trazendo a possibilidade como característica. A possibilidade está na expressão dos desejos de nossas personagens, nos planos que estão realizando objetivamente para virem a ser o que desejam, uma quer ser professora-responsável-que-atua-com-adultos, a outra quer ser professora-experiente-atuando-na-zona-rural.

Outro ponto destacado em suas falas é a multideterminação de suas identidades. Ambas apropriam-se de diversos papéis ao longo de suas trajetórias: são filhas, que se tornam estudantes, que se tornam mulheres, que se tornam esposas... A identidade está em constante por vir, alicerçada no que já está sendo, ao que está posto. Percebemos que, à medida que criam seus personagens e se apropriam deles, novas necessidades aparecem, gerando novas atividades. Foi assim com A. quando ela se tornou namorada-apaixonada, surgiu a necessidade de virar professora-concursada na cidade próxima à residência do namorado, surgiu a atividade de estudar, de passar no concurso, em seguida, por tornar-se professora-concursada, a necessidade foi a de tornar-se esposa e a atividade de casar. Vemos no percurso dessas histórias o dinamismo de suas identidades, a concretização do movimento.

A afetividade se faz presente em todos os conflitos, rupturas e superações realizadas por nossas personagens em suas histórias de identidade. Podemos ver a interferência da afetividade na vida de A. quando, a partir do amor sentido pelo namorado, torna-se esposa e professora-concursada. Também está presente no desejo de A. desenvolver o papel de professora-de-zona-rural, remetendo-a à sua vida infantil, repleta de lembranças familiares. Em E., a afetividade está fortemente presente no papel de mãe, alicerçado em sua relação afetiva com sua própria mãe.

As trajetórias que acompanhamos nos permitiram observar elementos da história coletiva em suas singularidades, tais como: a crença no dom natural da mulher para o cuidar, a docência como uma das únicas possibilidades de trabalho para a mulher, a dominância do patriarcado... Por vermos tais elementos alocados na singularidade, passaremos a narrar alguns fatos marcantes no cenário da profissão docente e sua constituição histórica.

VI. A história que se faz na história: o cenário da profissão docente em alguns anos de história

"Não há evocação sem uma
inteligência do presente,
Um homem não sabe o que ele é
Se não for capaz de sair das
determinações atuais."
Ecléa Bosi

Na Europa Ocidental do século XVII e XVIII, a função docente desenvolveu-se de maneira subsidiária e não especializada, sendo uma ocupação secundária de religiosos e leigos de diversas origens, que foram construindo um corpo de saberes e de técnicas e um conjunto de normas e de valores específicos da profissão docente. Os saberes foram construídos em torno de princípios e estratégias de ensino e os valores e normas são marcados pelas crenças religiosas. E mesmo quando o ato de educar se constituiu em um ofício e não mais em uma missão, quando se tornou uma profissão deixando de ser uma vocação, as influências religiosas não desaparecem em sua ética e normas (Nóvoa, 1991a).

No século XVIII, a profissão deixa de ser regulada pela Igreja e passa a ser controlada pelo Estado, o que gera um processo de institucionalização e de estatização de sistemas escolares que se tornam o instrumento privilegiado da formação. Os sistemas de ensino do Estado não apresentam uma nova imagem de infância ou de um novo projeto pedagógico, o que eles propõem é uma renovação dos currículos e dos programas, uma integração das diferentes redes escolares e um controle estatal sobre o conjunto do sistema de ensino, principalmente em relação à seleção e ao recrutamento dos docentes (Nóvoa, 1991b).

A intervenção do Estado possibilita uma homogeneização da profissão. Ele estabelece regras de seleção e nomeação de professores. A partir do final do século XVIII, não é permitido ensinar sem a autorização do Estado. Essa medida traz o suporte legal ao exercício da atividade docente, bem como a profissionalização desta atividade. É através dessa autorização que se define um perfil de competências técnicas, que servirá de referência para o recrutamento dos professores e legitimará sua atividade. No início, o que constituía os docentes em corpo profissional era o controle do Estado e não uma concepção corporativa do ofício. Segundo Nóvoa (1991b), o controle do recrutamento dos docentes era a maneira de colocá-los a serviço de uma ideologia e submetidos à disciplina do Estado. Os docentes aderem a esse projeto porque ele propõe um estatuto de autonomia e de independência perante os párocos, os notáveis locais e a população de uma maneira que nunca tinham experimentado antes. Os docentes constituem um tipo particular de funcionário, sua profissão está ligada a finalidades e objetivos do Estado e é carregada de uma intencionalidade política. Eles são submetidos a um controle ideológico e político do Estado, pois são funcionários deste; mas ao mesmo tempo, têm os meios necessários à produção de um discurso próprio.

No século XIX, ocorre uma expansão escolar. A escola se constitui um instrumento da estratificação social; os docentes são investidos de um imenso poder, pois eles possuem a chave da ascensão e estagnação social. Com isso, se formalizam toda a ambiguidade e importância da profissão docente. São funcionários do Estado, agentes de reprodução da ordem social dominante, mas também são a esperança de mobilidade social para diferentes camadas da população. Para o Estado e as classes dirigentes, essa expansão é importante pelo seu aspecto político, por isso, a necessidade de controlar os docentes, para assegurar que a escola funcionará como um lugar de integração política e social.

Junto com a expansão escolar surge a institucionalização da formação específica para os professores, que se dará através das escolas normais. Por meio delas, realiza-se o desenvolvimento da profissão docente e a melhoria de sua posição social. Por outro lado, permite-se o controle mais restrito sobre o corpo docente por parte do Estado. Essas instituições vão ocupar um lugar central na produção e reprodução dos conhecimentos docentes e dos sistemas de normas próprios à profissão docente, desenvolvem uma ação fundamental na elaboração dos conhecimentos pedagógicos e de uma ideologia comum ao corpo docente: "Mais do que formar professores (a título individual), as escolas normais produzem a profissão docente (no nível coletivo), contribuindo para a socialização dos seus membros e para a gênese de uma cultura profissional" (Nóvoa, 1991a, p. 18).

No Brasil, semelhante processo ocorre no século XIX, como aponta Louro (1997). Por causa dessa expansão, torna-se possível a entrada das mulheres no Magistério, que até então era lugar predominantemente masculino: tanto no professorado quanto no alunado. O afastamento das mulheres do sistema escolar não foi um fenômeno que ocorreu somente no Brasil, mas pode ser verificado em todos os países. A mulher brasileira esteve afastada da escola no período colonial, colégios e escolas elementares eram mantidos e administrados pelos jesuítas e destinavam-se aos homens; as mulheres eram destinadas a aprender e dedicar-se a tarefas ditas próprias ao seu sexo, como costurar, bordar, lavar, cozinhar e cuidar das crianças (Demartini; Antunes, 1993).

Após a Proclamação da Independência, através do artigo 179 da Constituição de 1824, é determinado o direito de todos à instrução primária. Assim, a expansão escolar ocorre pela oportunidade de escolarização a outros grupos além dos socialmente favorecidos e pela entrada de meninas na escola. A entrada das mulheres no Magistério, a partir das oportunidades dadas, cria contestações e argumentações, tendo inclusive dentro do discurso científico justificativas que se colocam de duas formas, que buscam causas biológicas em seus embasamentos. Uma vertente dizia que era uma insensatez entregar a educação de crianças às mulheres, pois eram portadoras de cérebros menos desenvolvidos em razão de "seu desuso". A outra discursava que as mulheres por natureza têm a inclinação para o trato com as crianças, já que são educadoras naturais devido às suas funções maternas (Demartini; Antunes, 1993; Louro, 1997; Novaes, 1984; Romero, 1996). Nesses textos, pode-se perceber que, apesar da inclusão da mulher na escola primária, existiam diferenças nos currículos e, em razão disto, diferenças salariais. Os professores e as professoras ganhavam por disciplina lecionada e algumas não podiam ser lecionadas por mulheres. O currículo das escolas destinadas às mulheres também era diferenciado, o ensino de trabalhos manuais era mais enfatizado do que a leitura, a escrita e a aritmética.

Aos professores cabia ensinar a ler, escrever, efetuar as quatro operações, a prática de frações, decimais, proporções, noções gerais de geometria prática, gramática, princípios de moral cristã e da doutrina católica e apostólica romana, proporcionando a compreensão dos meninos. Preferiam ler a Constituição do Império e a História do Brasil. Em relação ao trabalho das professoras, elas podiam ensinar o mesmo que professores com exceção das noções de geometria. A partir de 1827, foi permitido o ensino de aritmética, limitando-o ao estudo das quatro operações. Junto com esses ensinamentos, cabia-lhes ensinar as prendas que serviriam à economia doméstica. As diferenças nos currículos, ao lado do discurso de que as mulheres não precisavam suprir as necessidades de casa, pois não eram chefes de família, justificavam as diferenças salariais entre professores e professoras (Demartini; Antunes, 1993).

Com essa diferenciação na formação, Romero (1996) indica que a atuação das professoras nas escolas femininas era deficitária, pois eram poucas as professoras que conseguiam dominar os conteúdos e consequentemente transmitir seus conhecimentos. Outro aspecto que, segundo a autora, deve ser lembrado é que a educação por um longo período foi considerada pouco importante, o que a distanciava das necessidades da população e visava à manutenção do contexto social da época.

Com a inserção das mulheres no ensino primário e com a consolidação da visão de que o ensino é apenas uma extensão de suas funções, o Magistério passa então a ser visto como profissão exclusivamente feminina. Esse estereótipo foi tão difundido que tornar-se professora era uma das poucas opções profissionais disponível para a mulher e aceita pela sociedade. Esse estereótipo marca a identidade da profissão docente e a tem acompanhado ao longo da história.

Apesar de o exercício docente nas séries iniciais ser visto como função própria das mulheres, havia uma contradição nos valores vigentes na ocasião da criação das primeiras Escolas Normais no Brasil, datadas em 1830. Embora houvesse um projeto de lei que dava às mulheres preferência para a entrada na Escola Normal, o público era predominantemente masculino. Isso porque as mulheres encontravam dificuldades no acesso ao ensino, a educação formal não era considerada necessária, pois elas estavam destinadas às funções do lar e para o desempenho dessas atividades não se fazia necessário estudar formalmente. Por outro lado, a atividade docente era vista como uma função própria de seu gênero, já que se aproximava da natureza feminina, mas, como as mulheres tinham dificuldade em estudar, também tinham dificuldade em acessar as vagas para a docência. Já no tempo do Império isso foi se alterando, as mulheres passaram a ver no estudo formal uma outra possibilidade e o ensino normal passou a ser a única oportunidade para as mulheres prosseguirem seus estudos, já que o ensino secundário era propedêutico e destinava-se a quem pretendesse prosseguir os estudos superiores, o que era proibido às mulheres (Demartini; Antunes, 1993; Louro, 1997).

A transformação de valores, a ampliação do espaço social público das mulheres, não modifica a permanência de padrões básicos de comportamento. E, por causa deles, a entrada das mulheres no Magistério reforçou a imagem de que a docência seria uma ocupação de segundo nível ou complementar, o que ocasionou a feminização do Magistério (Demartini; Antunes, 1993). Um processo que contribui de forma significativa para a feminização do Magistério foi a evasão dos homens, pois eles foram atraídos pela expansão do mercado industrial que possuía uma possibilidade maior de *status* profissional e prestígio social, além de melhores salários (Apple, 1988; Romero, 1996).

Paralelo a esse fato, são rearticulados alguns princípios religiosos de devoção, entrega, doação, que dão ao Magistério o caráter vocacional que ouvimos ainda hoje nas falas dos professores. Esse discurso, segundo Assunção (1996) e Demartini e Antunes (1993), traz a ideia do inato, de que as pessoas têm aptidões e tendências naturais para determinadas profissões. Como a mulher é vista como naturalmente dotada da capacidade de educar crianças, e é parte da sua natureza ser dedicada, paciente, minuciosa, essa escolha se dá pela vocação. As atividades baseadas nessas características eram consideradas não profissionais.

> *O Magistério nesse discurso passa a ser visto como uma verdadeira escolha que não sofreu influências externas e se deu, portanto, de forma pessoal, inspirada, independente dos diversos fatores que, em conjunto, condicionaram efetivamente os rumos da vida profissional das professoras (Assunção, 1996, p. 140).*

Na década de 1920, ocorre uma expansão industrial no Brasil, uma urbanização crescente e uma nova composição de classes sociais; o aparecimento do proletariado urbano e a expansão da classe média. Com isso, há uma nova demanda por educação básica, com a expansão da rede pública e a redefinição do papel da escola. A escola deveria possibilitar a ascensão social e capacitar o indivíduo para a atividade industrial emergente. No entanto, a qualidade do ensino oferecida não era adequada às necessidades do mercado de trabalho, não favorecia a superação dos problemas sociais que o atraso cultural da população acarretara. Havia uma discriminação em relação ao ensino profissionalizante, um descompromisso por parte do Estado na implantação de uma política educacional eficaz. A atuação dos professores só era valorizada no discurso, atribuindo-se a eles a responsabilidade pelo progresso da nação. Nas décadas de 1930 e 1940, apesar das mudanças políticas e econômicas e das tentativas em mudar o quadro de formação dos professores e do ideário liberal procurar legitimar a visão de igualdade social, na verdade as camadas populares continuavam a enfrentar sérias dificuldades para ingressar no sistema de ensino e qualificarem-se para o mercado de trabalho, e persistia a diferenciação em relação aos cursos profissionalizantes e o curso normal. Na década de 1950, ocorre a expansão industrial, a evasão dos homens do Magistério e a invasão das mulheres. Também cresce o interesse das classes populares pela profissão de professor, que veem nela uma forma de ascensão social sem a necessidade de uma formação altamente especializada.

Nóvoa (1991a, 1991b) aponta que é na segunda metade do século XIX que se fixa a ambiguidade do estatuto dos professores, o acesso à profissão docente é visto como uma aspiração de diferentes camadas sociais e é a via de promoção social. Tornar-se professor representava uma fuga em relação a outras profissões marcadas pela imagem de fadiga (camponês, tecelão etc). No entanto, há uma contradição no estatuto dos professores, que ocupam uma posição intermediária na sociedade; não são burgueses, mas também não pertencem ao proletariado; não são intelectuais, mas têm que possuir bons conhecimentos; sentem-se superiores aos aldeões pelo seu saber, mas não podem levar uma vida burguesa pela sua baixa remuneração. O autor chama a atenção para outro aspecto em relação a essa ambiguidade: os docentes são obrigados a respeitar as normas morais da burguesia, mas são rejeitados por ela, porque não pertencem a essa classe por nascimento, também são impedidos de frequentar as classes populares, o que gera um isolamento social que lembra o dos párocos e reforça a solidariedade no interior do corpo docente e o nascimento de uma identidade profissional. É nesse século também que nascem as primeiras associações profissionais, as quais correspondem à tomada de consciência dos docentes de seus próprios interesses como grupo profissional e constituem a última etapa do processo de profissionalização de sua atividade.

Ainda segundo Nóvoa (1991a), nas últimas décadas, o que vem ocorrendo com as professoras/os professores é sua desprofissionalização, ocasionada pela expansão escolar, aumento de docentes, incerteza diante das finalidades e missões da escola, seu papel em relação à reprodução cultural e social. Complementando, Villa (1998) aponta que o diagnóstico negativo que se faz hoje de professoras/professores deve-se a uma diminuição do prestígio da profissão e a um mal-estar indefinido unido a certa crise de identidade. A figura do professor está sofrendo um enfraquecimento, está se diluindo, o que explica o mal-estar.

O autor (Villa, 1998) justifica o enfraquecimento da figura da/do professora/professor através de três tendências que vão ao encontro aos princípios em que a figura da/do professora/professor se apoiava: "[...] a dessacralização da ciência e da cultura, a introdução das novas tecnologias e o enfraquecimento dos papéis sociais tradicionais" (p. 30). A primeira destrói a identificação do professor como homem do conhecimento. O conhecimento antes era um bem escasso e seu valor vinha dado pela confiança em seu poder para transformar o mundo natural e social. Hoje, com as mudanças históricas, o conhecimento é visto como uma interpretação relativa e não é mais um bem sagrado e venerado. O professor também representava um homem de cultura, era visto como o representante da alta cultura, que era passada ao aluno por meio do contato estreito que o professor tinha com o aluno. Mas, conforme o conhecimento foi perdendo seu valor, o contato do professor com o aluno foi se tornando mais distante. Em relação às novas tecnologias, há um atraso por parte dos professores, no que diz respeito à familiarização e ao conhecimento. O professor deve enriquecer-se cada vez mais desses conhecimentos e, além do saber fazer, deve enriquecer as dimensões pessoais e socioculturais.

Faz parte do trabalho do professor transmitir valores e reforçar papéis que compõem a sociedade, no entanto, os papéis sociais tradicionais estão se alterando devido às mudanças sociais; a família tem cada vez menos tempo para se dedicar a crianças e adolescentes devido à incorporação da mulher no mercado de trabalho, há um aumento de lares com um único progenitor, existe uma tendência à segregação por idade nas atividades de distração e trabalho. Existe uma falta de interação entre escola e família, muitas vezes os professores veem a aproximação da família como uma intromissão ou, por outro lado, os pais estão mais preocupados que seus filhos consigam se formar o mais rápido possível sem se preocupar com a comunidade educativa. Os papéis sociais também estão se modificando. Hoje, características consideradas tradicionalmente femininas como sensibilidade e intuição são esperadas no homem no mercado de trabalho, e características masculinas, como a força, são esperadas das mulheres.

Batista e Codo (1999) apontam esses mesmos aspectos como causadores da crise de identidade e reforçam essa análise dizendo que:

> *[...] o conjunto de fatores que ingressam na configuração dessa crise apontam a um questionamento do saber*

> *e do saber-fazer dos educadores, da sua competência para lidar com as exigências crescentes do mundo atual em matéria educativa e com uma realidade social cada vez mais deteriorada que impõe impasses à atividade dos profissionais (p. 60).*

Isso abala a crença em seu papel e seu sentido perante a sociedade, gerando a crise de sua identidade. Apesar dessa crise de valores e posição social, percebe-se que o prestígio da profissão docente ainda permanece, mas de uma forma diferente da de outros tempos; esta contradição é explicada pela existência de uma visão idealizada do ensino. Souza (1996) assinala em seu estudo que o professor encontra, no plano simbólico, a valorização de um trabalho que não tem reconhecimento no nível econômico; os professores atribuem à educação um significado de transformação e de construção, localizado na aprendizagem, no resultado do trabalho e no crescimento dos alunos.

Diante desse panorama, podemos perceber como a imagem e identidade da/do professora/professor vêm se modificando. Passando de uma ocupação secundária de religiosos e leigos, para em seguida ser uma profissão reconhecida e controlada pelo Estado, que vê nos docentes reprodutores de sua ideologia. Com a criação de regras para a seleção e nomeação dos professores, imagem e identidade são adjudicadas. Apesar de os professores nesse período serem vistos como aliados do Estado para a implantação de sua ideologia, eles resistem a essa imagem em favor da imagem atribuída pela população, quc os vê como um alicerce de esperança; o trabalho de transmissão de conhecimentos que realizam permite a esperança da mobilidade social das camadas mais pobres. Os professores são vistos como a possibilidade de mudança. Em seguida, a sociedade passa por uma democratização do ensino que permite maior acesso à educação e à entrada das mulheres na docência, trazendo consequentemente a imagem de docência como profissão feminina, alicerçando-a nos pressupostos de vocação natural das mulheres. Os homens abandonam a profissão, pois são atraídos para o mercado de trabalho industrial.

Dessa maneira, percebemos que a imagem e a identidade docente são definidas pelas necessidades sociais, as quais se definem de acordo com o momento vivido; a partir de todas essas mudanças, as exigências em relação à formação também foram modificando-se. Por isso, passaremos a analisar quais exigências e modelos de formação apareceram ao longo da história. Essa análise também reforça nossa discussão de que a identidade ocorre dentro desse processo social e que todos esses fatores interferem em sua constituição.

VII. Alguns olhares sobre a educação e a formação de seus educadores

"Não há ensino de qualidade,
Nem reforma educativa,
Nem inovação pedagógica,
Sem uma adequada formação
de professores."
Nóvoa

Não é de hoje que o tema Educação tem estado em pauta nas discussões dos educadores, intelectuais, psicólogos, filósofos e tantos outros que se dispõem a discuti-la. Nas últimas décadas, há uma unanimidade em reconhecer o impacto das transformações econômicas, políticas, sociais e culturais na educação, no ensino e consequentemente na formação dos professores, levando a uma reavaliação do papel da escola e dos professores (Apple, 1989; Frigotto, 1996; Gentili, 1996; Libâneo, 1998).

Mesmo com esse cenário, Libâneo (1998) aponta que, "[...] por mais que a escola básica seja afetada nas suas funções, na sua estrutura organizacional, nos seus conteúdos e métodos, ela mantém-se como instituição necessária à democratização da sociedade" (p. 7).

Coloca-se para a educação escolar o desafio de oferecer aos alunos condições de exercerem liberdade política e intelectual, de prepará-los para enfrentarem as exigências colocadas pela sociedade moderna, que são: a preparação para o mercado de trabalho, a formação para a cidadania crítica, a preparação para a participação social e a formação ética (Libâneo, 1998).

Somos alertados por Frigotto (1996) no sentido de que essa formação que prepara para o mercado de trabalho não caia na perspectiva produtivista, fundamentada pelo ideário da reestruturação produtiva do processo de globalização excludente e da superestrutura ideológica do neoliberalismo:

> *O trabalho, enquanto valor de uso, manifestação de vida, é um princípio educativo fundamental a ser socializado desde a infância. Todavia, o trabalho, como valor de troca, sob as relações capitalistas ou, anterior a elas, relações escravocratas e servis, é, para a grande massa de trabalhadores, um tormento e um processo alienador (p. 93).*

A formação de professores deveria estar atenta aos fatos e às exigências postas pelas transformações mundiais e diante destas influências deveria ser capaz de formar um profissional com a percepção necessária para o trabalho pedagógico contextualizado; os professores são os agentes necessários para a criação das condições cognitivas e afetivas adequadas para o aluno atribuir significados às mensagens recebidas.

A formação de professores tem sido alvo de discussões e preocupações constantes dos educadores e, nos últimos anos, vem ganhando intensidade e características próprias. O tema da formação e qualificação dos educadores deve sempre ser tratado e olhado através da trama das relações sociais e dos embates travados no plano estrutural e das circunstâncias vividas na sociedade. Alguns problemas são apontados na formação inicial[1] e outros na formação continuada do professor; critica-se a rigidez curricular e metodológica e o desligamento da prática nos cursos de formação inicial e o formato de treinamentos que configura a formação continuada (Frigotto, 1996).

No presente trabalho, nosso olhar está voltado principalmente para a formação inicial sem, no entanto, desconsiderar o *continuum* da formação docente, pois entendemos formação como um processo de desenvolvimento que se dá ao longo da vida. Segundo Lima (2002), o objetivo da formação inicial é fornecer as bases para construir um conhecimento pedagógico especializado, pois se constitui "[...] no começo da socialização profissional e da assunção de princípios e regras práticas" (p. 207). A partir disso, podemos afirmar que a formação inicial é capaz de proporcionar um suporte, preparando os futuros professores para atuarem em sua profissão.

Com a regulamentação da Lei de Diretrizes e Bases da Educação Nacional (LDB – Lei nº 9.394/96), volta-se a viver um intenso debate sobre a legislação que passa a reger a formação dos profissionais da educação no país. Segundo Pereira (1999) e Scheibe (2002), a LDB, na parte que trata especificamente sobre a formação docente (Título VI – Dos Profissionais da Educação), traz em seu corpo termos e expressões que contêm ideias incompatíveis, que carregam múltiplas formas de direcionar a formação dos educadores, que nem sempre conduzem a uma melhora educacional, entendida aqui como a promoção de um currículo mínimo e articulado, que seja referência para as instituições formativas,

[1] Utilizamos o termo "Formação Inicial" neste trabalho para designar a formação ocorrida nos cursos de Pedagogia e Licenciaturas.

promova bom embasamento teórico e prático, sendo esses dois aspectos construídos simultaneamente, além do desenvolvimento de um espírito crítico. As incompatibilidades sobre a formação docente aparecem principalmente no Art. 62, no qual se propõe que a formação de docentes para a educação básica deve acontecer em nível superior, em curso de licenciatura, de graduação plena, em universidades e institutos superiores de educação. A lei também prevê em seu Art.63 a existência de programas de formação pedagógica, mantidos pelos institutos superiores para portadores de diplomas de educação superior que queiram se dedicar à educação básica. Não aparece no corpo da LDB o curso de Pedagogia como possibilidade de formação de docentes. A referência feita a esse curso é realizada para a formação dos profissionais destinados à administração, planejamento, inspeção, supervisão e orientação. Outra contradição é que com a LDB há a extinção dos currículos mínimos, as universidades e Instituições de Ensino Superior (IES), a partir de então, podem fixar o currículo de seus cursos, observando as diretrizes mais pertinentes, com exceção do curso de Pedagogia, que deverá seguir uma Base Comum Nacional. Assim, a lei abre várias possibilidades de formação, com propostas formativas questionáveis, já que os currículos podem se diferenciar enormemente. Dessa maneira, há uma brecha para que as instituições particulares possam se expandir, muitas delas criando cursos de formação docentes à revelia, sem o mínimo de preocupação qualitativa, tornando-se, na verdade, lojas de diplomas. Na contracorrente, a universidade pública sofre a pressão da sociedade para que abra suas portas à população, com o oferecimento de mais vagas, sem o devido investimento por parte do Estado, o que acarreta queda na qualidade de seus serviços.

Outro ponto refere-se à articulação entre ensino, pesquisa e extensão, pois, já que as IES não são definidas como instituições de pesquisa, ensino e extensão, como irão articular a investigação com a formação inicial e continuada? Como irão produzir conhecimento referente ao processo de ensino e de aprendizagem? A LDB também persiste na dicotomização entre o pensar e o fazer, já que separa a formação dos que serão responsáveis pelas decisões, dos que executarão, o que parece indicar que os professores são vistos como meros aplicadores de teorias, incapazes de produzir o conhecimento.

Pereira (1999) também chama a atenção para o contexto em que a LDB foi aprovada, o que fornece subsídios para melhor compreendermos as atuais discussões a respeito da formação de professores:

> *Na época de sua aprovação, particularmente na América Latina, havia uma atmosfera hegemônica de políticas neoliberais, de interesse do capital financeiro, impostas por intermédio de agências como o Banco Mundial e o Fundo Monetário Internacional (FMI), que procuravam promover a reforma do Estado, minimizando seu papel, e favorecer o predomínio das regras do mercado em todos os setores da sociedade (p. 110-111).*

Essas políticas afetam a LDB, na medida em que fica estabelecido em seu corpo que a função do Estado é elaborar as diretrizes e bases da educação nacional e avaliar seus resultados finais no processo educativo, abstendo-se de prover meios para que esse processo ocorra com qualidade para toda a população, permitindo não só a expansão do ensino da iniciativa privada, mas apelando a ela e a organizações não governamentais em detrimento do lugar e do papel do Estado e das iniciativas do setor público, o que gera a redução de ações e investimentos públicos.

A maior crítica feita à LDB (Pereira, 1999; Melo, 1999) é que a proposta para a formação de professores não traz um avanço para a mudança do paradigma de formação, sua proposta culmina na criação dos denominados Institutos Superiores de Educação como uma alternativa às Faculdades de Educação, que passariam a exercer as funções das faculdades, oferecendo cursos de formação de professores de maneira aligeirada e a baixo custo. Outra crítica séria e que contribui para a improvisação, o aligeiramento e a desregulamentação da profissão são propostos pelo Art. 63, inciso I; Parecer CNE nº 04/97, o qual indica que profissionais de diferentes áreas podem ser professores mediante uma complementação pedagógica de no mínimo 540 horas, das quais 300 horas devem ser de prática de ensino, passíveis ser contabilizadas mediante capacitação em serviço, ou seja, a legislação atual permite que profissionais de outras áreas, em exercício no Magistério, tornem-se professores por meio de um curso de formação docente de 240 horas. Para Pereira (1999), esse fato permite a legitimação do "bico" na profissão docente: profissionais de outras áreas que provavelmente não optaram pela carreira do Magistério só permanecerão na docência até conseguirem algo melhor.

Esses fatos geram a necessidade da criação de um projeto pedagógico para a formação e profissionalização dos professores nas universidades e Instituições de Ensino Superior (IES). Atualmente, muitas instituições preocupadas com essa necessidade discutem as reformulações curriculares que se aplicariam às licenciaturas e ao curso de Pedagogia, já que as questões voltam-se para uma única formação – a de professores. Para entendermos esse processo, faz-se necessário olharmos os modelos de formação existentes e propostos, além de fazermos um breve resgate na história da formação de professores nas licenciaturas e no curso de Pedagogia.

No Brasil, as licenciaturas foram criadas nos anos 1930, nas antigas Faculdades de Filosofia. Havia nessa época uma preocupação com a regulamentação do preparo de docentes para a escola secundária. As licenciaturas foram criadas segundo a fórmula "3+1": as disciplinas de natureza pedagógica, com duração prevista de um ano, eram justapostas às disciplinas de conteúdo, com duração de três anos. Esse estilo de conceber a formação docente é denominado *modelo da racionalidade técnica,* trata-se de uma concepção epistemológica herdada do positivismo que prevaleceu ao longo de todo século XX. Nela, o professor é visto como um técnico, um especialista que aplica em sua prática cotidiana as regras que derivam do conhecimento científico e do conhecimento pedagógico. As disciplinas científicas e pedagógicas fornecem a base para sua atuação e, no estágio supervisionado, o futuro professor aplica tais conhecimentos e habilidades científicas e pedagógicas às situações práticas de aula. As críticas feitas a esse modelo são: a separação entre teoria e prática na preparação profissional; a preferência dada à formação teórica em detrimento da formação prática; e a concepção da prática como mero espaço de aplicação de conhecimentos teóricos, sem um estatuto epistemológico próprio. Acredita-se, nesse modelo, que para ser um bom professor basta dominar o conhecimento específico da matéria que vai se ensinar; a racionalidade técnica impõe uma relação de subordinação dos níveis mais aplicados da prática aos níveis mais abstratos de produção de conhecimento, o que gera a separação pessoal e institucional entre a investigação e a prática. O professor é o mero aplicador dos conhecimentos produzidos por pesquisadores e especialistas. A prática é uma aplicação da teoria, que não inventa, não cria, não introduz novas situações; as inovações vêm sempre da teoria (Gómez, 1995; Pereira, 1999, 2000). O professor possui uma imagem passiva, de executor das instruções contidas nos manuais; se ele souber quais são os conteúdos a serem ensinados já é o suficiente, ele não é visto como produtor de conhecimento, o desenvolvimento e a criação do conhecimento são de responsabilidade dos especialistas.

Nos cursos de Pedagogia que surgem no Brasil, em 1939, na Faculdade Nacional de Filosofia da Universidade do Brasil, a situação não se mostra diferente. A formação de seus professores também tem como base o modelo da racionalidade técnica. Com três anos, o aluno alcançava o diploma de bacharel, correspondente a um técnico em educação e, após mais um ano de estudos de Didática, se graduava como licenciado, habilitado a lecionar nas disciplinas dos cursos normais. Em 1968, ocorreu uma nova Reforma Universitária, a partir da qual é decretado o Parecer nº 252/69 e a Resolução nº 2/69, em que são instituídas as habilitações profissionais, pelas quais os alunos tinham que optar em determinado momento do curso. Há uma substituição da formação do técnico em educação para a formação do especialista em administração escolar, supervisão escolar, inspeção escolar, orientação educacional e ensino das disciplinas e atividades práticas dos cursos normais. Nesse novo modelo acadêmico, o curso passou a ser constituído de uma parte comum a todas essas habilitações e se diferenciava posteriormente para atender às especificidades de cada habilitação e de docência para o curso normal. Com essas medidas, percebe-se a fragmentação da realidade escolar, impossibilitando a visão de totalidade e conjunto da situação educacional, criando a ideia e a imagem de que o especialista em Educação torna-se indispensável à realização da educação como fator de desenvolvimento (Damis, 2002; Lima, 2002; Silva, 2003). A imagem desse momento é do professor como sendo incapaz de perceber a totalidade no ambiente escolar, ele precisa se especializar somente em uma área para ser bom o suficiente, auxiliando no desenvolvimento dessa área. Estabelece-se que o professor não esteja integrado às questões sociais, econômicas, ideológicas, afetivas que perpassam o universo escolar. Sua formação ainda é fragmentada e tecnicista.

Algumas instituições envolvidas com os cursos de Pedagogia, indignadas com esse modelo de formação e com as medidas governamentais, iniciam um grande movimento organizado pela Comissão Nacional de Reformulação dos Cursos de Formação do Educador (CONARCFE), que realiza um encontro histórico em Belo Horizonte no ano de 1983, no qual se firmam os princípios que norteiam o movimento até nossos dias: formar o professor como educador, para qualquer etapa ou modalidade de ensino, a partir da garantia de um núcleo comum de estudos sobre educação; afirmar a docência como base de formação de todo educador (Silva, 2003).

Em julho de 1990, a CONARCFE torna-se Associação Nacional pela Formação dos Profissionais da Educação (ANFOPE) e constitui-se em espaço organizado de luta contra a degradação, o aligeiramento e a indefinição de políticas da formação do profissional da educação. Também tem desenvolvido ideias voltadas à estruturação global dos cursos de formação de educadores, envolvendo uma concepção de escola única como instância de formação, e contando como apoio o entendimento a respeito da Base Comum

Nacional, que é a parte obrigatória em âmbito nacional do currículo nos cursos de licenciatura e Pedagogia. Refere-se ao conjunto de conteúdos mínimos das áreas de conhecimento articuladas aos aspectos da vida cidadã que devem constar nesses currículos.

Em 6 de maio de 1999 é realizado um encontro que também marca a história das discussões construídas pela Associação Nacional de Pós-Graduação e Pesquisa em Educação (ANPED), Associação Nacional pela Formação dos Profissionais da Educação (ANFOPE), Associação Nacional de Política e Administração da Educação (ANPAE), Fórum de Diretores das Faculdades de Educação das Universidades Federais (FORUNDIR), Centro de Estudos Educação e Sociedade (CEDES), Fórum Nacional em Defesa da Escola Pública, que vem se empenhando na defesa da formação de qualidade para os profissionais da educação. Nesse encontro, a Comissão de Especialistas de Ensino de Pedagogia definiu as Diretrizes Curriculares julgadas necessárias e de qualidade para esse curso, as quais foram encaminhadas ao Conselho Nacional de Educação (CNE), que as ignorou. Ao desconsiderar as Diretrizes Curriculares propostas nesse fórum, sem conhecer o documento construído pelas entidades em 2001 e as Diretrizes das Comissões de Especialistas de 2002, o Conselho Nacional de Educação interfere na autonomia concedida às demais áreas na elaboração de suas diretrizes, chamando exclusivamente para si a tarefa de regular e regulamentar um curso tão complexo como o curso de Pedagogia (ANFOPE; ANPED; CEDES, 2004). No ato de ignorar as contribuições das entidades, o CNE desconhece a imagem de professor que essas entidades lutavam para estabelecer, a de um professor formador, autônomo, atuante não só na passagem de informações e conteúdos para seus alunos, mas formador e promotor de valores sociais. O professor é visto por essas entidades como pesquisador, criador, estudioso de novos conhecimentos a partir da realidade vivida e colocada em cheque com a sólida base teórica.

Infelizmente, o CNE não só ignora as discussões realizadas pelas entidades, como propõe inicialmente as Diretrizes Curriculares para os cursos de graduação em Pedagogia, em que é possível observar ideias de formação que vinham sendo combatidas. Essas ideias correspondem ao modelo de formação fragmentada. Assim, é instituída a formação em habilitações, separadas em formação de bacharéis e licenciados, o que implica uma divisão entre a pesquisa e a docência. Também é priorizado o estudo teórico nos anos iniciais do curso, e o contato com a prática é determinado somente ao final da formação. Ainda podemos observar a possibilidade dada para a transformação nas IES dos cursos normais superiores em cursos de Pedagogia, sem a necessidade de novo processo de autorização, sendo necessária somente a divulgação da mudança e o informe ao MEC (Projeto de Resolução – CNE, 2005).

Com a apresentação do Projeto de Resolução do CNE (2005), intensificam-se as discussões nas entidades comprometidas com a defesa da formação de qualidade para os profissionais de educação. Essas discussões têm por objetivo questionar as medidas tomadas pela resolução do CNE e se posicionar na questão da construção das diretrizes, construindo vários manifestos realizados pelas instâncias representativas em que suas posições para a formação dos professores são reafirmadas. As posições são: a docência como base do curso de Pedagogia; a integração na formação entre bacharelado e licenciatura; formar o profissional de educação para atuar no ensino, na organização e na gestão de sistemas, em unidades e projetos educacionais e na produção e difusão do conhecimento, em diversas áreas da educação (ANFOPE; ANPED; CEDES, 2004; Faculdade de Educação Unicamp, 2005; Universidade Católica de Goiás, 2005; Comissão de Pedagogia, 2005).

Todos esses processos contribuíram para a redefinição da formação dos professores e têm contado com uma grande participação dos docentes de todo o país que atuam nas instâncias formadoras. Esses debates procuram interferir nos encaminhamentos políticos e contribuir para alterar os eixos da discussão, pois têm assumido uma postura crítica diante da posição do MEC e do CNE.

Experiências inovadoras, estudos, pesquisas, avaliações, novos tratamentos e novas abordagens desenvolvidas nacional e internacionalmente têm contribuído para a superação das dicotomias que fragmentam o modelo de formação pedagógica no Brasil.As investigações atuais apontam como questão-chave o fato de que os professores desempenham uma atividade teórico-prática. Por essa razão, ao se pensar um currículo de formação, a ênfase na prática aparece como atividade formadora indispensável do futuro professor. No entanto, a maioria dos cursos de licenciatura e de Pedagogia só tem aproximado o futuro professor com a realidade escolar após ele ter passado pela formação teórica. Segundo alguns autores, desde o início do curso os alunos deveriam ter disciplinas com conteúdos integrados em situações de prática que coloquem problemas aos futuros professores e lhes possibilitem experimentar soluções com a ajuda da teoria (Frigotto, 1996; Libâneo, 1998).

Essa possibilidade é vista dentro de outro modelo que vem ganhando espaço cada vez maior desde a década de 1980, o *modelo da racionalidade prática*, o qual considera o professor um profissional autônomo que reflete, toma decisões e cria durante sua ação pedagógica, que é entendida como um fenômeno complexo, singular, instável e carregado de incertezas e conflitos de valores. Nesse modelo, a prática é vista como um espaço de criação e reflexão em que novos conhecimentos são gerados e modificados. Defende que a prática docente deve aparecer desde os primeiros momentos do curso de formação e que esse envolvimento com certeza originará conflitos, questões, dúvidas, problemas que devem ser levados para discussão nas disciplinas teóricas (Pereira, 1999).

Segundo Frigotto (1996), "[...] reflexão e ação, teoria e prática tensionam-se e fecundam-se respectivamente, ainda que seja na prática que as teorias são testadas, reconstruídas e historicamente validadas" (p. 100).

A contribuição dos conhecimentos produzidos nesse modelo tem se revertido em algumas propostas de cursos de formação de professores, tanto inicial quanto continuada, contendo alternativas que propõem a convergência para o processo de formação da relação teoria e prática articulada com a pesquisa. Gouveia (2001) aponta que a dissociação existente entre teoria e prática, nos cursos de licenciatura e nos de formação continuada, tem sido revelada pelas pesquisas educacionais e considerada fator de influência negativa na melhoria de qualidade do trabalho pedagógico e, consequentemente, no ensino de modo geral. Em seu artigo, a autora relata algumas experiências do Grupo FORMAR-Ciências, no qual são desenvolvidas atividades que envolvem a formação de professores que têm essa relação com o objeto. Nos cursos de formação continuada, a prática pedagógica é o ponto de partida e o ponto de chegada. É estabelecido um diálogo direto e crítico com os professores sobre seu trabalho, buscando na literatura e nos conhecimentos dos professores os subsídios para melhor entender esse trabalho e optar por um trabalho pedagógico mais eficaz e comprometido com possíveis propostas de mudanças sociais. Para os cursos de formação inicial, propõe-se que a relação teoria e prática se dê ao longo do curso, propiciando ao aluno uma aproximação efetiva com o seu campo de trabalho – a escola. Por meio dessa aproximação, pretende-se levar para as disciplinas do currículo de formação a dinâmica escolar, tendo por objetivo o diálogo entre os acontecimentos reais e a teoria, construindo assim seus próprios conhecimentos sobre as questões educacionais.

Essa proposta de trabalho para a formação de professores mostra o cuidado que se deve ter para que não haja sobreposição da prática em relação à teoria. Esse é um ponto que Pereira (1999) alerta em seu trabalho; segundo o autor, o embasamento teórico é indispensável no preparo dos professores e o rompimento com o modelo da racionalidade técnica não deve significar a supervalorização da prática: "[...] assim como não basta o domínio de conteúdos específicos ou pedagógicos para alguém se tornar um bom professor, também não é suficiente estar em contato apenas com a prática para se garantir uma formação docente de qualidade" (p. 114). A partir disso, acreditamos que a formação dos professores deve proporcionar aos futuros profissionais ações que voltem sua atenção para (re)afirmar que a prática pedagógica não é isenta de conhecimentos teóricos e que estes ganham novos significados diante da realidade escolar.

A partir do descontentamento com a formação docente baseada na racionalidade técnica e a busca de um novo paradigma, várias concepções de formação e do papel do professor surgem dentro do modelo da racionalidade prática. No final da década de 1980 e início da década de 1990, os estudos sobre a formação de professores voltam-se para a compreensão de aspectos microssociais, focalizando o papel do agente-sujeito. É daí que surgem as concepções de professor como profissional prático-reflexivo, professor-pesquisador, bem como a valorização dos "saberes docentes". Apesar das diferenças, essas concepções têm em comum o desejo de superar a dicotomia entre o conhecimento científico-técnico e a prática na sala de aula. Segundo Gómez (1995), essas concepções partem da análise das práticas dos professores em situações de dificuldades na vida escolar; da compreensão de como eles utilizam o conhecimento científico; como resolvem situações incertas e desconhecidas; como elaboram e modificam rotinas, como experimentam hipóteses de trabalho; como utilizam-se de técnicas e instrumentos conhecidos; e como criam e recriam estratégias, procedimentos e recursos necessários para seu cotidiano.

A ideia de professor como profissional prático-reflexivo foi amplamente difundida nos trabalhos de Donald Schön. O autor acredita que o sucesso do profissional depende de sua capacidade de manejar a complexidade e resolver problemas práticos, por meio da integração do conhecimento e da técnica de forma inteligente e criativa; essa capacidade é denominada de pensamento prático ou prática reflexiva. Existem três conceitos diferentes que integram a prática reflexiva: o conhecimento-na-ação, a reflexão-na-ação e a reflexão sobre a ação e na ação (Carvalho, 2005; Gómez, 1995; Schön, 1992).

O conhecimento-na-ação manifesta-se no saber-fazer, é o conhecimento implícito que orienta a ação. Ele é construído por meio das experiências e reflexões anteriores e se concretiza em esquemas semiautomáticos ou em rotina, é considerado um conhecimento de primeira ordem.

A reflexão-na-ação é o pensar sobre o que fazemos ao mesmo tempo que estamos fazendo, é um processo de diálogo com a situação problemática para buscar uma intervenção concreta. Trata-se de um processo carregado de pressões espaciais, temporais e sociais do lugar onde ocorre. Ele possui componentes emotivos que condicionam a ação e a reflexão, também pode ser considerado o primeiro espaço de confrontação empírica com a realidade problemática, a partir de um conjunto de esquemas teóricos e de convicções implícitas do profissional. No contato com a situação prática, o profissional adquire e constrói novas teorias, esquemas, conceitos e aprende o processo dialético da aprendizagem.

Por último, a reflexão sobre a ação e sobre a reflexão-na-ação que implica na análise que o indivíduo realiza depois da ação, a reflexão sobre as características e os processos dessa ação. Nesse processo, o indivíduo pode refletir de maneira sistemática sobre os procedimentos utilizados no diagnóstico e na definição do problema, nas metas, nas escolhas dos meios, nos esquemas de pensamento, nas teorias implícitas, nas convicções e formas de representar a realidade nas situações que vivenciou. Esses três conceitos não são independentes e complementam-se, para garantir uma intervenção prática racional pelo profissional.

Para García (1995), a importância da contribuição de Schön está no fato de destacar que o ensino é uma profissão em que a própria prática conduz necessariamente à criação de um conhecimento específico e ligado à ação e que só pode ser adquirido na prática, pois se trata de um conhecimento tácito, pessoal e não sistemático. A limitação de seu pensamento, segundo Carvalho (2005), encontra-se no fato de que Schön supervaloriza a reflexão nas situações pontuais da sala de aula, não relaciona a atividade docente às condições políticas, sociais e econômicas que afetam seu pensamento, sua ação e o contexto educativo; também privilegia o processo de reflexão que ocorre no nível individual.

As condições políticas, sociais e econômicas são levadas em consideração nos trabalhos de Zeichner (1993, 1995), que também compartilha da ideia de que o professor é um profissional prático-reflexivo, mas se diferencia de Schön ao relacionar essas condições à atividade docente e ao considerar a reflexão coletiva como condição essencial para o professor tornar-se um profissional prático-reflexivo, mesmo que os professores sejam guiados por suas próprias crenças e princípios. O ensino é concebido por ele como uma atividade crítica em que a reflexão tem o objetivo de possibilitar a emancipação e desenvolvimento da autonomia em todos os envolvidos no processo de ensino-aprendizagem. Para o autor, o professor tem o compromisso político de formar cidadãos conscientes e críticos sobre a ordem social e é considerado um intelectual transformador (Carvalho, 2005; Sadalla, Wisnivesky, Paulucci, Vieira, 2000).

Outra concepção de professor que vem norteando os estudos sobre a formação docente é a do professor-pesquisador ou investigador, que tem o objetivo de articular teoria e prática pedagógica, pesquisa e ensino, reflexão e ação didática. Os autores que defendem essa concepção são Stenhouse e Elliott. Em seus artigos, Dickel (1998) e Pereira (1998) trazem as contribuições deles para a difusão da ideia do professor como pesquisador, apresentam que Stenhouse reconhece no professor uma postura de produtor de conhecimentos sobre as situações vividas em sua prática docente; também vê o currículo como meio através do qual se comprovam e desenvolvem ideias educativas e no qual o professor é um agente fundamental na constituição da teoria. O currículo é desenvolvido pelo professor, o que demanda dele uma atitude criadora e torna seu desenvolvimento curricular e profissional interligados. É importante salientar que, segundo os autores citados, o currículo para Stenhouse é aquilo que acontece em aula e não um projeto anterior. Esse movimento se torna importante por caracterizar a contraposição à visão do professor como mero reprodutor e executor de conhecimentos. A forma de fazer pesquisa proposta por esses autores é denominada "pesquisa-ação" e se caracteriza por ser uma atividade empreendida por grupos com o objetivo de modificar o contexto concreto e estudar as condições e os resultados da experiência realizada. O professor nesse ponto de vista:

> *[...] procura trabalhar o conhecimento já existente, convertendo-o em hipóteses-ação e procura estabelecer uma relação entre a teoria, a ação e o contexto particular [...] os problemas a serem pesquisados só surgem na prática e o envolvimento do prático é uma necessidade indispensável (Pereira, 1998, p. 163).*

Por fim, outra concepção que pode ser vista nos estudos sobre formação de professores é a valorização dos saberes docentes. Essa concepção valoriza a prática como espaço de constituição de saberes pedagógicos e que fundamentam sua ação docente. Esses saberes permitem ao professor interagir com seus alunos, na sala de aula e no contexto da escola onde atua. A relação dos docentes com o conhecimento não se reduz a simples transmissão de conhecimentos constituídos, pois a prática é expressão de múltiplos saberes, que são incorporados em âmbitos, tempos, espaços de socialização diversos. A prática docente está marcada por uma trama de histórias, culturas, crenças, concepções, ideais, modos de ação, procedimentos e hábitos que justificam suas atitudes e ultrapassam a dimensão pedagógica *stricto sensu* (Azzi, 2002; Lelis, 2001).

Em uma pesquisa realizada por Pimenta (1996, 2002), foram identificados três tipos de saberes da docência: os saberes da experiência; os saberes do conhecimento e os saberes pedagógicos. Os saberes da experiência são aqueles aprendidos desde que o professor era aluno, também se produz no seu cotidiano num processo de reflexão sobre sua prática docente mediatizada com a de outros, seus colegas de trabalho, e através dos textos produzidos por outros educadores. Os saberes do conhecimento envolvem a revisão dos conhecimentos adquiridos na escola e suas aplicabilidades, é a vinculação do conhecimento de maneira útil e pertinente no contexto concreto da docência. Os saberes pedagógicos abrangem o conhecimento junto com o saber da experiência e dos conteúdos específicos que são construídos a partir das necessidades reais.

Para Pimenta, esses três saberes não devem ser trabalhados de maneira desarticulada na formação dos professores, o que deve haver é um empenho por construir saberes pedagógicos a partir das necessidades postas pelo real. Isso é possível através da reflexão sobre o que o professor faz e não sobre o que se vai fazer ou o que se deve fazer.

Ainda que haja entre essas concepções marcas que as diferenciem, existe uma intenção que as une: formar professores que sejam capazes de refletir sobre a própria prática, na expectativa de que a reflexão-na-ação e sobre-a-ação sejam convertidas em instrumentos de desenvolvimento de seu trabalho. Que possibilitem a criação de um conhecimento específico e ligado à ação, mas que só pode ser construído a partir de uma formação teórica sólida. Para que essa formação ocorra, é necessário um currículo que possibilite a integração dos conteúdos necessários para a formação do professor. No entanto, como observamos no caminho que percorremos para apresentar as ideias e concepções de formação, o que temos visto são idas e vindas nas concepções propostas pelas políticas públicas em relação ao currículo que se contradizem a todo tempo, gerando demandas e expectativas diferentes a respeito do ser professor, as quais influenciam diretamente em sua identidade; fragmentando-a e criando uma profissionalização insatisfatória.

Ao entrevistarmos e analisarmos nossas personagens, observamos como é importante a articulação entre teoria e prática no processo formativo. Ambas as entrevistadas relatam que é por meio da prática, do fazer que a constituição da identidade docente se consolida. A. frisa em sua narrativa que foi sendo professora no dia a dia, que aprendeu e tem aprendido a ser professora. E., por outro lado, tem consciência que sua formação como professora tem se dado principalmente através da experiência relatada por outros e anseia estar em contato com a prática em breve para que sua formação seja concretizada. Faz uma crítica à maneira como sua formação ocorre, narra que considera imprescindível o contato com a prática desde o início da formação e não somente nos últimos anos de formação, o que reforça nossa discussão de que, apesar das discussões sobre concepções de formação, ainda se tem uma formação fragmentada, ancorada nos ideais do modelo 3+1. Já a prática cotidiana de A. permite que ela questione e reconstrua as teorias estudadas em sua formação, fazendo o diálogo entre os acontecimentos reais e a teoria, construindo, dessa forma, seus próprios conhecimentos sobre as questões educacionais, como sugerido pelos modelos de formação da racionalidade prática. Isso é possível pela oportunidade que tem de atuar devido à sua formação no Magistério, obtida em nível de

Ensino Médio, que permite legalmente essa atuação. Sua formação atual tem trazido contribuições; as teorias discutidas nesse espaço subsidiam sua prática e permitem que nossa personagem realize o movimento dialético teoria-prática, legitimando-as e modificando-as quando necessário.

Podemos verificar que E. está desenvolvendo seus saberes da experiência, ela traz para sua reflexão o que considera ser professor, traz vivências aprendidas com a professora de sua filha, pensa em como será sua prática docente através dos outros, de suas colegas de faculdade que já atuam, de seus próprios professores. Percebemos que E. anseia por desenvolver seus saberes pedagógicos e acredita que eles só acontecerão a partir do contato com a prática.

VIII. Os caminhos trilhados entre a psicologia, a psicologia da educação e suas contribuições na formação dos professores

"Não basta
interpretar o mundo,
cabe transformá-lo."
Karl Marx

Observando a formação dos professores, encontramos a Psicologia da Educação no seu currículo como "disciplina de fundamento". Como minha formação e história profissional estão alocadas nesta ciência, consideramos importante problematizar e discutir quais subsídios a Psicologia da Educação pode trazer para a formação docente, contribuindo com um conhecimento teórico sólido que venha a auxiliar o professor em sua prática cotidiana, subsidiando-o na tarefa de se ver como agente transformador dessa prática e possibilitando-lhe a (re)constituição de sua identidade enquanto profissional da educação.

A Educação realiza-se e configura-se na interseção de muitas áreas do conhecimento, todas e cada uma delas trazem seu olhar e sua contribuição para a compreensão do universo educacional. Dentre essas áreas do conhecimento, encontra-se a Psicologia que, em sua trajetória histórica, tem sido fonte de conhecimento para os educadores. Tradicionalmente, ela tem sido considerada uma das disciplinas centrais para a fundamentação nos cursos de formação de professores; a partir de seus estudos sobre os processos de desenvolvimento do ser humano e da aprendizagem, é chamada a contribuir na formação dos professores, e, na maioria das vezes, esses são os temas mais focados na disciplina de Psicologia da Educação, que tem por finalidade subsidiar a atuação docente (Guerra, 2000).

No entanto, a relação da Psicologia com a Educação nem sempre tem sido harmônica e seus embates remontam aos primórdios de seu reconhecimento como área do conhecimento. A Psicologia surge como ciência autônoma na segunda metade do século XX, pautando-se em questões voltadas para a aprendizagem e as capacidades individuais. Seu estudo sobre o comportamento humano passa a ser conduzido não por interesses isolados, mas sim por necessidades da sociedade industrial capitalista emergente. Ela se origina como uma ciência instrumental, a partir da necessidade da sociedade de selecionar, orientar, adaptar e racionalizar, tendo por objetivo determinar leis gerais que regem o comportamento humano, e se firmando como uma ciência capaz de adaptar os indivíduos a normas, regras e princípios dessa ordem econômica, sem que esta fosse contestada, promovendo assim o princípio da equalização social (Larocca, 1999; Scalcon, 2002).

De acordo com Larocca (1999), essa necessidade de adaptação teve na Educação a possibilidade de se estabelecer, principalmente por estar pautada no princípio básico sob o qual se assentou a sociedade democrática capitalista burguesa: igualdade de oportunidades entre os homens. Essa aparente oportunidade de igualdade entre os homens, que faz com que eles acreditem que todos são iguais e que só cabe a seu esforço pessoal o sucesso e fracasso, liga-se à educação com o propósito de identificar, diagnosticar, classificar crianças com dificuldades escolares e propor métodos especiais de educação, com a finalidade de ajustá-las aos padrões de normalidade definidos pela sociedade.

Esses fatos apontam que a Psicologia da Educação sempre esteve localizada em um tempo e espaço e se estrutura a partir de necessidades postas pela sociedade. No início da modernidade, a demanda era por adaptação de mão de obra às novas regras da economia emergente e, por isso, as exigências em relação ao perfil do trabalhador passam a ser diferentes, daí a necessidade de orientação através do trabalho e da escola. Nessa época, a maior preocupação dos psicólogos estava centrada na construção de métodos e testes capazes de classificar indivíduos em idade escolar, visando medir suas capacidades produtivas. Nesse contexto histórico, Psicologia e Educação unem-se: a Psicologia, baseada em seu discurso científico e marcada pelas descobertas da Biologia, busca legitimar a existência das desigualdades naturais entre os indivíduos; e a Educação, ao mesmo tempo, explica as diferenças do rendimento escolar por meio da Psicologia, o que reforça a disseminação de valores individualistas do sistema capitalista de produção. Nesse primeiro momento, a Psicologia da Educação não leva em consideração as questões sociais que afetam o indivíduo (Facci, 2001; Larocca, 1999; Scalcon, 2002).

Para Larocca (1999), a psicologização ocorrida na Pedagogia, em que a explicação dada aos problemas enfrentados no campo da Educação e das escolas passava meramente pelos fatores psicológicos, deve-se à herança individualista das concepções liberais burguesas: o fracasso escolar foi e infelizmente ainda tem sido explicado em termos individuais; as influências econômicas, políticas, sociais e de dominação cultural não são levadas em consideração.

Por suas influências históricas, a contradição principal que se manifesta nas diferentes vertentes da Psicologia são as dicotomias indivíduo-sociedade, sujeito-objeto, organismo-meio, entre outras, e essas dicotomias apenas refletem a própria contradição da constituição da burguesia. Na Psicologia, podemos destacar duas vertentes mais difundidas que se posicionam diferentemente em relação à questão sujeito-objeto, indivíduo-sociedade e que influenciaram as pesquisas e práticas em Psicologia da Educação. São elas: a concepção objetivista e a concepção subjetivista.

A concepção objetivista está fundamentada nos princípios do liberalismo e do cientificismo. Considera o homem um ser passivo e receptivo diante do meio; privilegia os comportamentos observáveis do homem, que são condicionados e controlados pelo meio ambiente; sua preocupação centra-se nas modificações do comportamento por meio das contingências do ambiente. Essa concepção esteve muito presente na educação por meio do tecnicismo, no qual o professor era visto como o detentor do saber, um saber técnico, pois o professor é passivo em frente ao conhecimento, ele reproduz o conhecimento gerado pelos especialistas. Se houver algum questionamento por parte do aluno e o professor não souber a resposta, ele se sente ameaçado e coloca o aluno no seu devido lugar: o de passividade, pois cabe ao aluno o papel de receptor de informações e não o de questionador.

Na concepção subjetivista, há uma predominância do sujeito sobre o objeto do conhecimento, a quem é atribuído o papel de criador da realidade. Destaca a natureza individual como autônoma e livre de influências do ambiente social. Fundamentados nessa concepção, podemos destacar o movimento da Escola Nova, que tinha por princípio a liberdade individual; o processo educativo deveria favorecer o desenvolvimento de tendências e predisposições naturais do aluno (Carvalho, 2005; Scalcon, 2002; Urt, 2003). O professor nessa concepção é gerado de maneira fragmentada, sua formação não possibilita que veja todas as nuances envolvidas no processo educativo, o professor é mero observador do processo de ensino-aprendizagem do aluno, já que este nasce com suas predisposições de aprendizagem. O professor acaba por ser um receptador dessas predisposições, não instigando, não gerando, não mediando nenhum conhecimento ao aluno.

As duas concepções mostram-se insuficientes para dar conta da explicação do psiquismo humano, pois ambas fragmentam e parcializam a realidade e negligenciam o caráter histórico e social do indivíduo. Um movimento de crítica a essas tendências inicia-se no final da década de 1970, no qual há um repúdio e afastamento da área educacional em relação à Psicologia, com críticas severas ao reducionismo que as abordagens psicológicas vinham dando aos fenômenos educacionais. Nas concepções objetivistas e subjetivistas, a Psicologia da Educação deslocava o homem de sua realidade social e cultural, compreendia o homem sem contextualizá-lo, sem desvendar, com suas teorias, as determinações sociais do psiquismo humano (Bock, 2000; Gatti, 1999).

Apesar das críticas que vêm sendo feitas à Psicologia da Educação, não se pode negar a dimensão psicológica da Educação e as contribuições que essa área traz. Atualmente, diversos questionamentos têm sido feitos pela e para a Psicologia da Educação: Qual é seu objeto de trabalho? Que Psicologia Educacional se quer? A serviço de que e de quem ela deve estar? Qual é seu compromisso com a Educação? Qual contribuição deve oferecer à Educação?

Uma resposta emerge para esses questionamentos: a Psicologia da Educação deve estar comprometida com o desenvolvimento da Educação, contextualizando o processo educativo. Ela deve estar a serviço da transformação, "[...] desvelar o aparente e desocultar o real" (Urt, 2003, p. 55). Essa Psicologia da Educação, concreta e contextualizada, deve partir de modelos teóricos que considerem o homem um ser histórico-social, que se determina nas relações concretas de vida, dentro de um tempo e espaço.

Urt (2003) assinala que a Psicologia da Educação precisa estudar categorias como: trabalho, identidade, consciência, papéis sociais, afetividade, comunicação, autoridade, entre outras, para que haja uma compreensão do processo de ensino como um todo.

Quando falamos em desenvolvimento da Educação observa-se uma tendência na qual o olhar é voltado para seus principais atuantes: os professores. São eles que estão no dia a dia diretamente envolvidos com o processo de ensino-aprendizagem e também é neles que estão depositadas as expectativas de resultados da educação (Bzuneck, 1999; Larocca, 2002).

Por estar inserida na formação desse professor, a Psicologia da Educação pode contribuir com sua atuação, embasando-o no seu campo de conhecimento para que ocorra uma atuação significativa, oferecendo subsídios para que construa uma autonomia necessária, que possibilite a realização de reflexões aprofundadas sobre as situações vivenciadas no seu dia a dia e fundamente tomadas de decisão. No entanto, os conhecimentos teóricos da Psicologia da Educação não devem ser meramente aplicados na prática educacional, eles devem servir de referenciais que, junto a outras áreas, proporcionem o auxílio necessário à prática educativa, contribuindo na elaboração e reelaboração de sentidos e modalidades de intervenção pedagógica (Larocca, 1999; Sadalla *et al.*, 2002).

Por isso, não se pode considerar a Psicologia da Educação apenas um fundamento da educação, pois se assim o for, as diversas teorias e princípios apresentados e aprendidos seriam um corpo de conhecimentos à espera de sua aplicação nas diversas situações vivenciadas pelos futuros professores, sem levar em consideração o contexto de cada situação (Bzuneck, 1999). Para este autor, considerar a Psicologia da Educação um fundamento traz dois problemas. Primeiro, a suposição de que tendo aprendido as teorias psicológicas, os princípios gerais, o futuro professor em sua sala de aula fará aplicações adequadas nos casos e nas situações que vivenciará. Segundo, considerar que a relação da teoria com a prática se dá de forma linear, pois entre a teoria e a situação vivenciada existe uma distância, em virtude das peculiaridades que tornam essa situação complexa e imprevisível, em que os acontecimentos se sucedem rapidamente e, às vezes, ao mesmo tempo. Por esses fatores, os professores precisam estar preparados e isso exige mais do que tomar conhecimento das teorias e princípios psicológicos; é necessário que o professor tenha autonomia, iniciativa, espírito empreendedor e de pesquisador, para que seja capaz de realizar um processo dialético de relação da prática e teoria em sua atuação.

A Psicologia da Educação propõe contribuições à formação do professor, não pode deixar de focar a complexa dinâmica escolar, que apresenta problemas advindos da estrutura social, que se refletem na vida de seus personagens. Os professores, nesse contexto, são cobrados para que ocorra uma melhoria do ensino. A cobrança se dá para que resolvam as dificuldades de aprendizagem de seus alunos, que são produzidas por diversos fatores, os professores precisam estar atentos a essa diversidade e complexidade em que estão inseridos seus alunos e precisam estar prontos aos desafios do cotidiano, estando bem formados ou não. Larocca (1999, 2002) aponta que a diversidade deve ser propiciada pela Psicologia da Educação, na formação dos professores, mas que o futuro professor deve ser informado sobre as condições históricas no qual o conhecimento das diversas escolas foi produzido, a que e a quem servem e como podem ser utilizados para interpretar e interferir na prática pedagógica. "O privilegiamento de um enfoque teórico na formação de professores dificilmente capacitará o docente para dar conta da complexa realidade envolvida no processo educativo" (Larocca, 1999, p. 20).

Complementando, Bzuneck (1999) sugere que a Psicologia da Educação na formação de professores deveria promover o aprendizado das condições reais em que atuará estes profissionais, trazendo situações do cotidiano escolar nas quais os conhecimentos da Psicologia da Educação poderiam ser utilizados, bem como expor os alunos dos cursos de formação a situações que propiciem invenção e criatividade.

Nessa direção, Macedo (1998) realizou um estudo que teve por preocupação averiguar se a maneira como a disciplina Psicologia da Educação organiza seu ensino reflete uma sustentação teórico-prática que indique uma tendência orientadora da formação docente. Em seus resultados, percebeu que a ação da Psicologia da Educação fica restrita ao campo da fundamentação teórica sobre o aluno e os processos de aprendizagem numa direção pragmática, pela qual o teórico pretende conduzir a uma prática imediata, e tem mantido a perspectiva de que conhecer a natureza humana facilita o relacionamento entre professor, aluno e conteúdo. A tendência é esperar que a disciplina instrumentalize o futuro professor para dar respostas aos problemas práticos que perpassam o ensino de conteúdos. Isso mostra o olhar para a disciplina como um fundamento e que não supera o modelo da racionalidade técnica, pois o professor continua sendo visto como um técnico que reproduz na prática os conhecimentos teóricos adquiridos durante sua formação, os programas dessa disciplina não têm se afastado do caráter instrumental, do saber fazer, da visão utilitarista da formação, que se resume ao saber teórico básico e à formação técnica sem questionamentos em relação aos interesses e às forças que estariam na base dos enfoques prescritos e que são ideias decorrentes de uma tradição normativa e disciplinadora da profissão docente.

Vários psicólogos nos últimos anos vêm realizando uma leitura crítica da Psicologia da Educação e construindo uma Psicologia na Educação contextualizada e comprometida com a Educação. Entre esses estão: Azzi, Mercuri, Almeida e Pereira (2003), que observam em seu estudo que a Psicologia tem se configurado como disciplina teórica, descontextualizada e distante da realidade educacional e que não estabelece junto às demais disciplinas pedagógicas um diálogo em uma perspectiva interdisciplinar. Propõem que os conhecimentos necessários à formação dos professores devam ser construídos em confronto com os problemas propostos nas situações de ensino, tentando promover condições para que se estabeleçam a relação teoria-prática. Para isso, exige-se que os conhecimentos psicológicos sejam construídos a partir da problematização da realidade, buscando nas teorizações, explicações que possibilitem analisar e discutir hipóteses de solução para a realidade. Azzi, Almeida e Pereira (2002), em um relato anterior sobre a dimensão teórico-prática da Psicologia Educacional na formação de professores, apontam que o ensino por meio de solução de problemas é uma alternativa válida, não só para a construção do conhecimento, como também para a criação de um ambiente de pesquisa em que o futuro professor/professora tenha a oportunidade de aproximação com a realidade, compreendendo dessa forma seu compromisso com ela.

Gatti (1999) retoma a discussão polêmica sobre a relação entre Educação e Psicologia e sugere que não se tente polarizar uma área em relação à outra, e que se dê a construção de uma perspectiva característica na qual a Psicologia da Educação deve construir um olhar transdisciplinar que integre a complexidade como ideia orientadora, na tentativa de superação do tratamento seletivo, unilateral, que vem sendo dado às questões colocadas para investigação.

Urt (2003), após analisar algumas produções da Psicologia da Educação, relata em sua pesquisa que hoje tem havido uma introdução teórica mais social na Psicologia da Educação, apesar de ainda haver uma relação clássica entre Psicologia e Educação, é possível apontar movimentos no sentido de a educação fornecer explicações aos modos subjetivos de ser e existir. A autora também considera que a Educação ainda traz influências da Psicologia elitista e "psicologizante", que ditam normas e influenciam na organização de programas escolares dentre outros. Porém, o desconcerto pedagógico para ela é que tem feito com que a Psicologia da Educação se reveja e avance.

Chamando-nos a atenção para a contribuição da Psicologia da Educação como um movimento dialético entre a Psicologia e a Educação, Larocca (2002) assinala que a Psicologia da Educação deve ultrapassar a noção de fundamento teórico na formação de professores e deve ser traduzida em atividade concreta do professor, que o impulsionará e permitirá a interlocução entre teorias e práticas e não como mero executor de propostas pensadas fora de seu contexto pelos especialistas. Também aponta a importância de se proporcionar, na formação dos professores, variados instrumentos teóricos de interpretação da realidade, para que as decisões quanto à prática pedagógica sejam respaldadas no conhecimento e na consistência crítica, que são ética e politicamente orientadas.

Uma das contribuições necessárias para a formação dos professores, e que cabe à Psicologia Educacional discutir, diz respeito à própria constituição da identidade de professor, o que é ser professor, como esse processo ocorre, e quais são suas influências na atuação do professor. Larocca (1999) aponta que estudos dessa categoria contribuem para a superação da superficialidade que a Psicologia da Educação vem oferecendo na formação dos professores. Pois o estudo de questões como a identidade contribui para a formação de um profissional que possa ler e interpretar a realidade de uma melhor forma, porque é possível, através de estudos dessa categoria, perceber as nuances envolvidas no processo, de constituição da identidade docente, notando que ela passa por um processo, o qual é constituído de determinantes culturais, econômicas, afetivas, entre outras. Possibilitando a interferência nesta realidade de uma maneira comprometida e consciente, que esteja buscando melhorias para sua profissão, para seu lugar de atuação – a escola – e para os principais envolvidos com sua atuação – os alunos. Nessa direção, a Psicologia da Educação se constitui como um conjunto de referenciais que, ao lado de outras áreas do conhecimento, pode auxiliar a prática cotidiana do professor/professora, contribuindo para uma intervenção educativa contextualizada e comprometida com o social, buscando a emancipação do cidadão através da educação.

A Psicologia da Educação pode ainda proporcionar durante a formação meios estratégicos que possibilitem aos formandos contato real com o cotidiano escolar, utilizando-se dos conhecimentos discutidos em seu espaço de formação, proporcionando, assim, uma relação dialética entre teoria e prática, na qual a primeira é reinventada no espaço cotidiano.

IX. Considerações finais

"O pior pecado: satisfazer-se com os resultados
Adquiridos: não querer caminhar mais.
Crer que já chegamos ao cimo da montanha."
Rose Marie Muraro

Chegamos ao difícil exercício de encerrar este trabalho, que apesar de responder a algumas de nossas indagações, acabou provocando outras. No entanto, diante de nossa pergunta inicial, algumas considerações podem ser tecidas.

Refletir sobre a constituição da identidade docente, destacando a prática como elemento formador e diferenciador das trajetórias de identidade, por meio da materialidade da narrativa de História de Vida, implica em um exercício de apreensão dos sentidos que os sujeitos atribuem às situações vivenciadas, pois a apresentação de si mesmo é sempre uma pretensão de reconhecimento. A narrativa é formada por fatos que o sujeito seleciona, constituindo um personagem que ele quer apresentar para o pesquisador, ao qual cabe analisar as entrelinhas de sua narrativa para compreender o que está posto nessa apresentação, o que sem dúvida foi nosso desafio.

As histórias individuais narradas carregam em si a história do coletivo. Nossa personagem E. revela em sua narrativa como a docência acaba por "escolhê-la". E. não escolhe a princípio cursar

Pedagogia, seu sonho era fazer Serviço Social, como não pôde realizá-lo por questões econômicas, seleciona entre os cursos de universidades públicas o que mais se aproxima de seu desejo em continuar exercendo o papel de cuidadora. Aqui, a dialética se concretiza em sua vida, pois, ao mesmo tempo que é escolhida pelo curso, ela também o escolhe. A escolha pela Pedagogia também se dá porque hoje sua família não necessita tanto de seus cuidados como antes e ela pode deslocá-los para outros ambientes. A marca histórica da profissão docente criada pela sociedade, de que a mulher é naturalmente dotada de dons para cuidar da educação das crianças, além de ser uma das únicas profissões permitidas para as mulheres, faz-se presente nessa história singular.

Nossa outra personagem, A., também traz a marca do patriarcado em sua trajetória. Só lhe é permitido mudar de identidade, ser professora-concursada, ser mulher-apaixonada, após casar-se e seus cuidados passarem a ser de responsabilidade do marido, mantendo, portanto, a marca histórica do patriarcado.

Os movimentos de constituição de identidade de nossas personagens passam a todo tempo pelas relações sociais e históricas em que estão envolvidas e também pelo sentido que dão a elas. Muitas vezes, não se deixam levar pelas exigências sociais, reapresentam seus papéis a partir de seus sentimentos e emoções, dos significados por elas atribuídos.

Tendo como ponto de partida a importância da prática como elemento constitutivo de suas identidades docentes, atentamos nosso olhar a esse aspecto. O que vimos foi, realmente, o aparecimento nos relatos de que é através da prática, do estar sendo, e não do que se deve ser, que a identidade se consolida. No entanto, não é falado da prática por si só, mas da prática alimentada pela teoria, que é ressignificada na prática, em um constante movimento dialético.

Acompanhando as narrativas, percebemos que nas instituições de formação há uma permanência no modelo que proporciona a experiência da prática no último momento de formação e esta é o local de aplicação das teorias. Através das narrativas, nossa atenção é chamada para a necessidade da incorporação de práticas docentes integradas com a teoria nos currículos dos cursos de formação inicial dos docentes. É necessário que haja práticas que proporcionem, desde o início da formação, o contato do aluno com a realidade escolar, que será a desencadeadora das discussões teóricas, num constante processo dialético, superando assim os paradigmas da racionalidade técnica, na qual os alunos recebem a teoria para em seguida aplicarem na prática. No decorrer de nosso trabalho, aparecem algumas discussões e alguns pesquisadores em consonância com essa ideia de que perdura ainda na maioria das instituições o modelo da racionalidade técnica. Existem instituições comprometidas com as discussões sobre a formação de educadores, que almejam a superação dessa dicotomia e trazem sugestões e novas propostas. Não pudemos deixar de observar a resistência por parte de outras instituições em relação a essas novas ideias; tais instituições veem a formação docente dentro de uma perspectiva fragmentada, na qual os conteúdos teóricos são separados da prática e as habilidades dos profissionais docentes são vistas como especialidades distintas.

A Psicologia na Educação está presente nos cursos de formação docente, com suas contradições e os "erros" do passado, mas notamos novas propostas presentes que têm buscado a construção de um novo futuro. Acreditamos na contribuição de diversas teorias e pressupostos epistemológicos da Psicologia para a formação do professor, desde que a ele seja permitido analisar sua prática a partir dessas. Partindo desse pressuposto, a contribuição da Psicologia da Educação é oferecer instrumentos teóricos diversos para que proporcione aos professores a possibilidade de formularem sua própria concepção pedagógica, a partir da relação dialética entre teoria e prática. Sabemos das limitações existentes nessa contribuição e da prevalência do caráter predominantemente teórico dessa disciplina na formação dos professores. Essa verificação só faz confirmar a necessidade da busca de aproximação entre teoria e prática pedagógica, a formação dos profissionais de Educação deve considerar que as situações práticas do cotidiano escolar não podem ser resolvidas com a simples transposição de conceitos e pressupostos teóricos da Psicologia. Isso, pois na maioria das vezes essas situações são inusitadas e o cotidiano é carregado de incertezas e imprevisibilidades, sendo necessário estabelecer a relação dialética entre prática e teoria, para que haja o atrelamento da prática a partir da reflexão baseada nos referenciais das diversas teorias científicas, a fim de que elas sejam ressignificadas pelos próprios professores.

Sabemos que este estudo não esgota a problemática, mas permite a reflexão sobre temas importantes para a busca de transformações na área educacional, na direção de fazê-la mais justa, menos desigual, trazendo para o foco a questão da necessidade do futuro professor conhecer a realidade à qual estará inserido e como suas peculiaridades influenciam em sua identidade docente e, concomitantemente, influenciarão em sua prática. Por isso, a necessidade de que os profissionais da educação revejam constantemente seus posicionamentos, sua formação e sua prática docente.

Referências

ANFOPE – Associação Nacional pela Formação dos Profissionais da Educação; ANPED – Associação Nacional de Pós-Graduação e Pesquisa em Educação; CEDES – Centro de Estudos Educação e Sociedade (2004). *Documento enviado ao Conselho Nacional de Educação visando à elaboração das Diretrizes Curriculares Nacionais para os Cursos de Pedagogia.* 10 de setembro de 2004.

Apple, M. W. (1989). *Educação e poder*. Porto Alegre: Artes Médicas.

Apple, M. W. (1988, fevereiro). Ensino e trabalho feminino: uma análise comparativa da história e ideologia (n. 64, 14-23). *Cadernos de Pesquisa*, São Paulo.

Assunção, M. M. S. de (1996). Magistério *Primário e cotidiano escolar: polêmicas do nosso tempo.* Campinas, SP: Autores Associados.

Azzi, R. G.; Mercuri, E. N. G. da S.; Almeida, P. C. A.; Pereira, M. A. L. (2003, outubro). *Em busca de um ensino de psicologia significativo para futuros professores*, CD-ROOM, DP & A Editora, pp. 1-282, Poços de Caldas, MG, Brasil.

Azzi, R. G.; Almeida, P. C. A.; Pereira, M. A. L. (2002). A dimensão teórico-prática da psicologia educacional na formação de professores: a metodologia da problematização como desencadeadora da articulação entre teoria e prática. In A. Roberta; A. M. F. de A. Sadalla (Orgs.). *Psicologia e formação docente: desafios e conversas.* São Paulo: Casa do Psicólogo.

Azzi, S. (2002). Trabalho docente: autonomia didática e construção do saber pedagógico. In S. G. Pimenta (Org.). *Saberes pedagógicos e atividade docente.* São Paulo: Cortez.

Baptista, M. T. D. da S. (1992). *A identidade do professor universitário.* Tese de doutorado em Psicologia Social. Faculdade de Psicologia, PUC – São Paulo, Brasil.

Batista, A. S.; Codo, W. (1999). Crise de identidade e sofrimento. In W. Codo, (Coord.). *Educação: carinho e trabalho. Burnot, a síndrome da desistência do educador, que pode levar à falência da educação.* Petrópolis, RJ: Vozes.

Benjamin, W. (1987). O narrador: considerações sobre a obra de Nikolai Leskov. In W. Benjamin. *Obras escolhidas: magia e técnica, arte e política.* São Paulo: Brasiliense.

Bock, A. M. B. (2000). As influências do barão de Münchhausen na psicologia da educação. In E. de R. Tanamachi; M. L. da Rocha; M. Proença (Orgs.). *Psicologia e educação: desafios teórico-práticos.* São Paulo: Casa do Psicólogo.

Bosi, E. (1995). *Memória e sociedade – Lembranças de velhos.* São Paulo: Cia das Letras.

Bzuneck, J. A. (1999). A psicologia educacional e a formação de professores: tendências contemporâneas. *Psicologia escolar e educacional, 3*(1), 41-52.

Carvalho, L. C. de (2005). *Crenças de estudantes de pedagogia sobre a psicologia nos Parâmetros Curriculares Nacionais.* Dissertação de mestrado. Faculdade de Educação. Unicamp. Campinas, São Paulo, Brasil.

Carvalho, M. V. C. de (2004). *Histórias de ser e fazer-se educador: desvelando a identidade do professor universitário e suas possibilidades emancipatórias.* Tese de doutorado em Educação: Psicologia da Educação. Faculdade de Psicologia. PUC – São Paulo, Brasil.

Castells, M. (1942). *A era da informação: economia, sociedade e cultura. Volume II: O poder da identidade.* São Paulo: Paz e Terra.

Ciampa, A. da C. (2001). *A história do Severino e a história da Severina: um ensaio de psicologia social.* São Paulo: Brasiliense.

Ciampa, A. da C. (1989). Identidade. In S. T. M. Lane; W. Codo (Orgs.). *Psicologia social: o homem em movimento.* São Paulo: Brasiliense.

Ciampa, A. da C.; Kolyniak, H. M. R.; Almeida, J. A. M. de (2005). *Identidade – Metamorfose – Emancipação.* Minicurso apresentado no 13º Encontro Nacional da Associação Brasileira de Psicologia Social: Múltiplos Lugares de Produção e Ação da Psicologia Social. Belo Horizonte.

Comissão de Pedagogia. (2005, 06 de abril). *Ata de reunião ampliada da Comissão de Pedagogia: Projeto de Resolução Diretrizes Curriculares para os Cursos de Pedagogia.* FE – Unicamp. Campinas.

Conselho Nacional de Educação. (2005, 17 de março). *Projeto de resolução: diretrizes Curriculares Nacionais para os Cursos de Pedagogia.*

Cunha, M. D. da (2000). *Constituição de professores no espaço-tempo da sala de aula.* Tese de doutorado. Faculdade de Educação, Unicamp. Campinas, São Paulo, Brasil.

Damis, O. T. (2002). Formação pedagógica do profissional da educação no Brasil: uma perspectiva de análise. In A. L. Amaral; I. P. A. Veiga, (Orgs.). *Formação de professores: políticas e debates.* Campinas, SP: Papirus.

Demartini, Z. de B. F.; Antunes, F. F. (1993, agosto). Magistério primário: profissão feminina, carreira masculina. *Cadernos de Pesquisa*, *86*, 5-14, São Paulo.

Dickel, A. (1998). Que sentido há em se falar em professor-pesquisador no contexto atual? Contribuições para o debate. In C. M. G. Geraldi; D. Fiorentini; E. M. de A. Pereira (Orgs.). *Cartografias do trabalho docente: professor(a) – pesquisador(a).* Campinas, SP: Mercado de Letras: Associação de Leitura do Brasil – ALB.

Duarte, N. (1992). *A formação do indivíduo e a objetivação do* gênero *humano (categorias iniciais de uma reflexão sobre o processo de formação do indivíduo numa perspectiva histórico-social).* Tese de doutorado em Educação. Unicamp. Campinas, São Paulo, Brasil

Erikson, E. H. (1987). *Identidade – Juventude e crise* (2ª ed.). Rio de Janeiro: Guanabara.

Facci, M. G. D. (2001). Fundamentos teóricos e a psicologia nas escolas municipais de Maringá: uma visão crítica? *Revista do Departamento de Psicologia – UFF, 13*(1), 73-90.

Faculdade de Educação – Unicamp. (2005, 06 de abril). *Manifesto em relação à Minuta de Resolução de Diretrizes Curriculares do Curso de Pedagogia divulgada pelo CNE.* Campinas.

Frigotto, G. (1996). A formação e a profissionalização do educador: novos desafios. In P. Gentili; T. T. da Silva (Orgs.). *Escola S.A. quem ganha e quem perde no mercado educacional no neoliberalismo.* Brasília: CNTE.

García, C. M. (1995). A formação de professores. In A. Nóvoa (Coord.). *Os professores e sua formação.* Lisboa: Dom Quixote.

Garcia, M. M. A; Hypolito, A. M; Vieira, J. S. (2005, janeiro/março). As identidades docentes como fabricação da docência. *Educação e pesquisa, 31*(1). São Paulo.

Gatti, B. A. (1999, 2º semestre). Possibilidades de enfoques no campo da psicologia da educação. *Psicologia da educação, 9*, 9-14, São Paulo.

Gentili, P. (1996). Neoliberalismo e educação: manual do usuário. In P. Gentili; T. T. da Silva (Orgs.). *Escola S.A. quem ganha e quem perde no mercado educacional no neoliberalismo.* Brasília: CNTE.

Gómez, A. P. (1995). O pensamento prático do professor. In A. Nóvoa (Coord.). *Os professores e sua formação.* Lisboa: Dom Quixote.

Gouveia, M. S. F. (2001, março). Pesquisa e prática pedagógica na formação do professor: como entendê-la. *Pró-Posições. Revista quadrimestral Faculdade de Educação-Unicamp, 12*, 1(34), 27-46.

Guedes-Pinto, A. L. (2005). *Memorial de formação – registro de um percurso.* Recuperado em 17 de junho de 2005, de www.fe.unicamp.br/ensino/graduacao/proesf-memorial.html.

Guerra, C. T. (2000). Conhecimento psicológico e formação de professores. In R. Azzi; S. H. S. da S. Batista; A. M. F. de A. Sadalla (Orgs.). *Formação de professores: discutindo o ensino de psicologia.* Campinas, SP: Alínea.

Kahalle, E. M. S. P. (Org.) (2002). *A diversidade da psicologia – uma construção teórica* (cap. 1, pp. 17-73). São Paulo: Cortez.

Kenski, V. M. (1996). Memória e prática docente. In C. R. Brandão. *As faces da memória.* Campinas, SP: Centro de Memória Unicamp.

Kolyniak, H. M. T. (1996). *Metamorfose e utopia: a identidade do professor de Educação Física que busca a emancipação humana.* Dissertação de mestrado em Psicologia Social. Faculdade de Psicologia. PUC – São Paulo, Brasil.

Lane, S. T. M.; Codo, W. (Orgs.) (1992). *Psicologia social: o homem em movimento.* (10ª ed.), São Paulo: Brasiliense.

Larocca, P. (1999). *A psicologia na formação docente* (cap. I). Campinas, SP: Alínea.

Larocca, P. (2002). Problematizando os contínuos desafios da psicologia na formação docente. In R. Azzi; A. M. F. de A. Sadalla (Orgs.). *Psicologia e formação docente: desafios e conversas.* São Paulo: Casa do Psicólogo.

Lelis, I. A. (2001, abril). Do ensino de conteúdos aos saberes do professor: mudança de idioma pedagógico. *Educação & sociedade, XXII*(74).

Libâneo, J. C. (1998). *Adeus professor, adeus professora? Novas exigências educacionais e profissão docente.* São Paulo: Cortez.

Lima, E. F. de (2002). O curso de pedagogia e a nova LDB: vicissitudes e perspectivas. In M. da G. N. Mizukami; A. M. de M. R. Reali (Orgs.). *Formação de professores: práticas pedagógicas e escola.* São Carlos: EdUFSCar.

Louro, G. L. (1997). Gênero e magistério: identidade, história, representação. In D. B. Catani *et al. Docência, memória e* gênero: *estudos sobre formação.* São Paulo: Escrituras Editoras.

Macedo, M. A. B. (1998). *A disciplina psicologia da educação como componente da formação de professores: elementos estruturantes e organizativos de seu ensino.* Dissertação de mestrado em Educação. Universidade Metodista de Piracicaba, São Paulo, Brasil.

Machado, A. F. (2001). *Identidade e metamorfoses de professoras da rede regular de ensino: descobrindo-se com a educação inclusiva.* Dissertação de mestrado em Educação: Psicologia da Educação. PUC – São Paulo, Brasil.

Melo, M. T. L. (1999, dezembro). Programas oficiais para formação dos professores da educação básica. *Educação & sociedade, XX*(68), 45-60.

Moita, M. da C. (1995). Percursos de formação e de transformação. In A. Nóvoa (Org.). *Vidas de professores.* Porto: Porto Ed.

Novaes, M. E. (1984). *Professora primária: mestra ou tia.* São Paulo: Cortez Autores Associados.

Novo, H. A. (1998). Quem tem medo das emoções? In L. Souza; M. de F. Q. de Freitas; M. M. P. Rodrigues (Orgs.). *Psicologia reflexões (im)pertinentes.* São Paulo: Casa do Psicólogo.

Nóvoa, A. (1991a). O passado e o presente dos professores. In A. Nóvoa (Org.). *Profissão professores.* Portugal: Porto Editora.

Nóvoa, A. (1991b). Para o estudo sócio-histórico da gênese e desenvolvimento da profissão docente. *Teoria & educação, 4.*

Nóvoa, A. (1995). Os professores e as histórias da sua vida. In A. Nóvoa (Org.). *Vidas de professores.* Portugal: Porto Editora.

Nunes, A. M. de S.; Paula, L. M. C. de; Frota, M. L. de G. P.; Pedro, R. M. L. R. (1986, outubro/dezembro). Uma reflexão acerca do conceito de identidade. *Arquivo Brasileiro de Psicologia, 38*(4), 24-33.

Orlandelli, S. H. (1998). *A representação identitária no professor de história: um estudo com depoimentos orais.* Dissertação de mestrado em Educação. Universidade Estadual de Campinas, São Paulo, Brasil.

Pereira, E. M. de A. (1998). Professor como pesquisador: o enfoque da pesquisa-ação na prática docente. In C. M. G. Geraldi; D. Fiorentini; E. M. de A. Pereira (Orgs.). *Cartografias do trabalho docente: professor(a)-pesquisador(a).* Campinas, SP: Mercado de Letras: Associação de Leitura do Brasil – ALB.

Pereira, J. E. D. (1999, dezembro). As licenciaturas e as novas políticas educacionais para a formação docente. *Educação & sociedade, XX*(68), 109-125.

Pereira, J. E. D. (2000). *Formação de professores, pesquisas, representações e poder.* Belo Horizonte: Autêntica.

Pimenta, S. G. (1996, julho/dezembro). Formação de professores – saberes da docência e identidade do professor. *Revista Faculdade de Educação, 22*(2), 72-89, São Paulo.

Pimenta, S. G. (2002). Formação de professores: identidade e saberes da docência. In S. G. Pimenta (Org.). *Saberes pedagógicos e atividade docente.* São Paulo: Cortez.

Prado, G. do V. T.; Soligo, R. (2005). *Memorial de formação – quando as memórias narram a história de formação.* Recuperado em 17 de junho de 2005, de www.fe.unicamp.br/ensino/graduacao/proesf-memorial.html.

Queiroz, M. I. P. de (1988). Relatos orais: do "indizível" ao "dizível". In O. de M. Von Simson (Org.). *Experimentos com histórias de vida: Itália – Brasil.* São Paulo: Vértice, Editora e Revista dos Tribunais.

Romero, D. M. F. (1996). *Professores que formam professores: a construção da identidade profissional dos professores do curso de magistério.* Dissertação de mestrado em Psicologia. Universidade São Marcos, São Paulo, Brasil.

Romero, D. M. F. (1997, janeiro/julho). Tornar-se professor: reflexões sobre a construção da identidade profissional do professor do curso de magistério. *Interações, 2*(3), 35-46.

Sadalla, A. M. F. de A.; Wisnivesky, M.; Paulucci, F. C.; Vieira, C. P. (2000). Teorias implícitas na ação docente: contribuição teórica ao desenvolvimento do professor prático-reflexivo. In R. Azzi; S. H. S. da S. Batista. A. M. F. de A. Sadalla (Orgs.). *Formação de professores: discutindo o ensino de psicologia.* Campinas, SP: Alínea.

Sadalla, A. M. F. de A; Bacchiegga, F.; Pina, T. A.; Wisnivesky, M. (2002). Psicologia, licenciatura e saberes docentes: identidade, trajetória e contribuições. In R. Azzi; A. M. F. de A. Sadalla (Orgs.). *Psicologia e formação docente: desafios e conversas.* São Paulo: Casa do Psicólogo.

Sawaia, B. B. (1994). Psicologia social: aspectos epistemológicos e éticos. In S. T. M. Lane; B. B. Sawaia (Orgs.). *Novas veredas da psicologia social.* São Paulo: Educ/Brasiliense.

Scalcon, S. (2002). *À procura da unidade psicopedagógica: articulando a psicologia histórico-cultural com a pedagogia histórico-crítica* (cap. 1). Campinas, SP: Autores Associados.

Scheibe, L. (2002). Formação dos profissionais da educação pós-LDB: vicissitudes e perspectivas. In A. L. Amaral; I. P. A. Veiga (Orgs.). *Formação de professores: políticas e debates.* Campinas, SP: Papirus.

Schön, D. (1992). *La formación de profesionales reflexivos. Hacia un nuevo diseño de la enseñanza y el apredizaje em las profesiones.* Barcelona: Paidós.

Severino, A. J. (1996). O pedagogo no terceiro milênio: enfrentando os desafios postos pelas tramas do saber, do fazer e do poder. In Comissão de publicações da FEUSP. *Identidade do pedagogo.* São Paulo: FEUSP.

Silva, C. S. B. da. (2003). *Curso de pedagogia no Brasil: história e identidade.* São Paulo: Autores Associados.

Silva, E. T. da. (1995). *Professor de 1º grau: identidade em jogo.* Campinas, SP: Papirus.

Souza, A. N. de. (1996). *Sou professor, sim senhor! Representações do trabalho docente.* Campinas, SP: Papirus.

Universidade Católica de Goiás. (2005, 17 de março). *Manifesto em relação à Minuta de Resolução de Diretrizes Curriculares do Curso de Pedagogia divulgada pelo CNE.*

Urt, S. da C. (2003, julho/dezembro). Análise da relação educação e psicologia por meio de sua produção científica. *Revista Escritos sobre Educação,* 2(2), 51-64. Instituto Anísio Teixeira, Ibirité.

Villa, F. G. (1998). O professor em face das mudanças culturais e sociais. In I. P. A. Veiga (Org.). *Caminhos da profissionalização do magistério.* Campinas, SP: Papirus.

Zeichner, K. (1993). *A formação reflexiva de professores: ideias e práticas.* Lisboa: Educa.

Zeichner, K. (1995). Novos caminhos para o *practicum*: uma perspectiva para os anos 90. In A. Nóvoa (Coord.). *Os professores e sua formação.* Lisboa: Dom Quixote.

Impresso por :

Graphium
gráfica e editora

Tel.:11 2769-9056